GILLES AZZOPARDI

[法] 吉勒·阿佐帕蒂 著
彭馨瑶 译

掌控社交

如何按照自己的意愿影响他人

实践操作手册

PETIT LIVRE DE MANIPULATION

国际文化出版公司
·北京·

图书在版编目（CIP）数据

掌控社交：全两册 ／（法）吉勒·阿佐帕蒂著；彭馨瑶译．—北京：国际文化出版公司，2021.7

ISBN 978-7-5125-1251-1

Ⅰ．①掌… Ⅱ．①吉… ②彭… Ⅲ．①社会交往－通俗读物 Ⅳ．① C912.3-49

中国版本图书馆 CIP 数据核字（2020）第 197271 号

北京市版权局著作权合同登记号：图字 01-2020-7733 号

掌控社交（全两册）

作　　者	[法] 吉勒·阿佐帕蒂	
译　　者	彭馨瑶	
责任编辑	侯娟雅	
出版发行	国际文化出版公司	
经　　销	国文润华文化传媒（北京）有限责任公司	
印　　刷	三河市华晨印务有限公司	
开　　本	880 毫米 ×1230 毫米	32 开
	14.75 印张	240 千字
版　　次	2021 年 7 月第 1 版	
	2021 年 7 月第 1 次印刷	
书　　号	ISBN 978-7-5125-1251-1	
定　　价	79.80 元	

国际文化出版公司

北京朝阳区东土城路乙 9 号　　　　邮编：100013

总编室：（010）64271551　　　　传真：（010）64271578

销售热线：（010）64271187

传真：（010）64271187-800

E-mail：icpc@95777.sina.net

http://www.sinoread.com

引 言

有两种方法可以获得我们生活所求。

专横的方式。当我们处于支配地位的时候，这种方法很奏效，比如，父母对待孩子、老板对待员工、一个难缠的人对待一个柔弱的人……但是，显然这一招并不总是有效，也绝非长久之计。小孩子会长大，员工也会开始抵抗，柔弱之人会变得强壮。不仅如此，这还会催生不满，长期来看会引发暴力冲突。

温柔的操纵。这正是本书所涉及的内容：政治和交流领域的专家、广告和营销大佬、教育和管理行业的专业人员利用各种各样的技巧以影响他人，达到自己的目的。这些技巧在本书中用“»”标出。

目　录

第 1 章

如何让小孩子听话，即使是最固执的小孩

如今，我们必须承认，“让骆驼穿过针眼”都比抚养孩子更容易。

时代改变了。面对小孩，传统的成年人的权威已然丧失。父母的言语及其影响力越来越小。

另一种时代，另一种道德观念，想仅仅通过命令就让孩子听话是不够的，要是这个孩子很叛逆就更加困难了。

幸运的是，没有什么是不可逆转的。有些技巧会让家庭生活更轻松。当然，如果你的孩子是“一匹狼”，他也不会变成“一只羊羔”，这样很好，但为了使孩子健康成长而又不需耗费你过多的精力，就需掌握一些必备的技巧。这就是我们将在本章中看到的内容。

让他听话，不要哭闹

在孩子幼年的“矫正”时期，有一种称之为“重复法”的技术，它不厌其烦地重复同一个要求，比如，用单调的语气说“去刷牙”，大部分时间你可以获得想要的结果。但是，从小学一年级开始，事情就变得没那么简单了。

然而，正是在这个年龄段，我们应该教会孩子学会接受规则，听从指令，更重要的是，不要让他不停地讲话，要鼓励他多听取他人的意见。

我们敢说，你必须像硬盘一样把他格式化，以便家里和学校的一切进展顺利。这并不是要他成为一个顺从的小孩，也不是让他卑躬屈膝。正好相反，这是教会他尊重他人的同时，找到肯定自我的方式。

显然，如有必要，你需重新审视自己的态度，以便与孩子建立健康和谐的关系。因为让孩子听话而不哭闹只能由双方共同完成。

如何操作？

» 强化一切入学前的准备工作：游戏、故事、对话。

» 发现弱点，不要小题大做，这也许仅仅是他过渡到平衡时期的一个转变，或者只是代表着一个正面的改变。

» 强化他的优势（绘画、足球、吉他……），而不要抓着他的弱点不放。

» 尽量保持冷静：当他惹你生气的时候，要克制自己。

» 相信孩子的潜力：每天表达你对他的爱意，他成功的时候给予鼓励。

» 给他时间，如果你很忙，也要给出少量的时间：重要的并不是你给他多少时间，而是这段时间的质量。

» 保持平静，当你命令他按照指令行事的时候，一定要态度坚定，表达详细。

» 指令表达清晰（“我要你立刻整理你的衣物”），而不是笼统地评论（“你从来都不知道收拾一下东西”）。

» 如果你没有足够的时间，或者你正被他激怒的时候，这不是和你的孩子对话的好时机。

» 认真聆听孩子对你讲的话，当他表述不清的时候，绝对不要嘲笑他。

» 当他有新的想法的时候，给他实质性的鼓励：赞美、身体接触、微笑、小的奖励或者小礼物。

» 不要总是监视他，应多多地指点他：他应该学会自己做选择，自己去犯错误。

» 不要让混乱的局面持续下去，但是也不要沉醉于有条不紊的状态；寻找合适的平衡。

» 指令简单化，但是不要花几个小时来和他争论。争论会分散他的精力，还不如督促他赶紧行动起来。

» 不要总是指责他，他不服从的时候也不要惩罚他。

» 如果他听话的话，立刻表扬他。

» 不要和他有个人冲突，不要和你的孩子竞争，面对他，你既无所得，也无所失。因此，控制你的情绪。

» 始终牢记，你的小魔鬼不会故意违背你的意愿，他并非出于恶意，或者故意找茬儿。首先记住一点，保持冷静。

声音的作用

每个小孩都是不同的。比如，某些人对非口头上的指令更为敏感，只有当他们看到有人跟他们说话的时候，他才会去倾听，才会听得到别人的话。他们必须看到你的脸、你的眼睛，来记下你对他们提出的要求。如果你的小孩是这样的情况，在他看电视的时候，或者你在另外的房间的时候，对他讲话是没用的。首先要保证他正看着你。另外一些小孩正好相反，他们对肢体语言没有那么敏感，更加注重音调和声音的细微区别。在严厉的注视下，他们并不会被吓倒，但是当人们冷酷无情地对他讲话时，他就会卡壳。因此，要避免情绪过激，总是保持平静的语调。

为什么他总是不听话

某些小孩天生就很乖巧，他们愿意合作，可能是为了大家和和气气，他继续安静地过着自己的小日子。

另外一些小孩天生就比较固执，他们只按照自己的想法行事。

某些特征非常能说明问题，比如，一个孩子不吃你喂给他的东西，或者不停地要新玩具，他经常插入大人们之间的对话或试图“命令”他们（发出命令，想不惜一切代价地强加他的观点，等等），或者他忽略了他的学业（不完成家庭作业，或者马马虎虎地写完就出去玩耍了，相当于没有做作业，等等），或者每当你要他整理房间时，他就不厌其烦地跟你讨价还价。

结果：在一次次徒劳的解释之后，你疲惫不堪，有时到最后，你不得不对他吼叫。

在这种情况下，你应该重新反思。如果你的孩子总是尽力表现出厌恶的情绪，或者一直抱怨而不是行动起来，这不是他的问题。他的不服从首先是缺乏限制！

大一点的孩子更服从？

这也是有可能的。两位来自新西兰的心理学家马修·哈利和布鲁斯·艾利斯，针对350个兄弟姐妹进行了一项研究。他们发现，大一点的孩子更加遵守规则，小一点的孩子则会更加反叛。这也许是因为父母通常会给予老大更多的关爱——孩子4到13岁之间，多给了3000个小时的爱抚和关心。

如何对待那些缺乏限制的孩子？

首先，很简单，给他一些限制，因为这永远都不会太晚。

» 停止你的犯罪感。这并非易事，而且这是时代趋势。孩子们常常以为自己有权做任何事情。

» 不要让他觉得自己是受害者，让他面对自己的责任：如果他找不到自己的“Game boy”游戏机，或者他的课堂成绩不佳，那是因为他没有收拾好房间或者没有好好上课；这不是因为他运气不好，也不能怪罪别人（你、他的妹妹、他的老师……）。

» 避免冲突：当情况真的变得让人太痛苦时，让他回房间，或者找一点其他让你开心的事情来做，以等待他情绪冷静下来。

» 如果对方有异议，请你在干预之前三思：避免即时的冲突反应。

» 尽管他要求，也没必要向他过多地解释：他必须刷牙，你曾经向他解释过为什么，你不必每天都解释一次。

» 以明确而带有限制性的方式提出你的要求，说“请把房间收拾一下”，而不是“要是有一天你能整理下房间就太好了”。

» 当你和他争论的时候，应以生活之必需为理由。

» 向他（有分寸地）说明你也不得不遵循一些限制，你也有自己的责任义务。

» 让他参与你的义务：购物、家务、做饭等。

» 避免一概而论地贬低他，例如，“你从来都靠不住，我没办法信任你”，等等。

» 他每次做出努力之后，都给予赞赏，开个好头，一切会变好的。

» 千万不要忘了（特别是当他已经把你逼到尽头的时候），对于一个孩子来说，缺少限制会让他非常焦虑或者沮丧。

如果相处不好，该怎么办？

一般而言，不听话的孩子的问题都是大同小异的。下面是一份简短的问卷调查，以分析你的反应，从而更好地了解你和孩子之间存在什么问题。

面对孩子不愿意做的一些事情（他不想学习、整理房间、吃饭……），我是怎么做的	大部分时间	经常	有时候	很少，可以说从不
保持冷静				
向他解释				
让步				
烦躁不安				
发火				
惩罚他				
打他				
寻求帮助				
认为责任在他				
认为责任在自己				
认为责任在我的丈夫（妻子）				
气馁				

求助，这是一个固执的小孩！

某些孩子反而会因为你的反对意见或挑衅而激起叛逆心理。

当你的孩子避免谈论学校发生的情况以及他的成绩的时候，就容易发生这种情况。每次当你询问他关于家庭作业、学习情况的时候，他总会说“我不知道”或者“我没听说呀”。通常，他都不明确回答有关自己的日程安排、朋友以及约会的问题。

或者当你要求他做某件事情时，他经常选择逃避，并要求你对此作出大量解释，同时，他会对于你的解释一直争论不休而不采取行动。

或者他总是想在争论中获胜，当你反驳他的时候，他就开始发火。

这种行为让人难以忍受，你的一再退让只会让事情更加难以处理。因此，要么让你的孩子独自做决定，他想做什么、何时做、怎么做，一切随他，然而这最后会让你产生负罪感，觉得自己没有负起责任；要么你还是如常地严格要求他，但这种态度经常会引发矛盾。

如何对待一个挑战自己权威的小孩？

» 保持冷静。当一个固执的小孩没办法逃避的时候，他会试图把你逼到绝路：这是他想掌权的方式。

» 当你感到自己马上就要发火的时候，暂时先搁置一下问题，过一段时间再拿出来讨论处理。

» 不要小题大做：当一个小孩操纵人心的时候，通常情况下，会把你逼到尽头，你真的想发火。

» 他过于频繁地要求你给出解释，不要常常对其做出回应。你每次要求他做一件事情，他做了，所以你没有必要每次都再解释一番。

» 不要让自己坠入无限争论的陷阱中：这是他逃避行动的方式（之后就太迟了，不是做它的时候，或者已经没有必要再做了），通过不断消耗你的精力，让你放弃对他的要求（他很清楚，你可没时间跟他耗）。

» 当事情不是很重要的时候，可以适当松松弦，但是关键问题不能妥协：学习时间、出门时间、学习成绩（表现得严格一点，不要让他觉得自己可以毫不费劲地摆脱这些限制）。

» 坚持自己的原则立场：否则，他认为你比较柔弱，会想尽办法利用这个弱点。

» 当他常常把自己置于受害者位置时，不要同情他：从来都不是他的错，他运气不好，所有人都想欺骗他，等等。反驳他的时候友善一点，但是涉及他的责任的时候，态度要强硬：如果他心情不好，是因为他没有睡好，玩太久的电脑；如果他学习成绩太差，是因为他没有好好学习。

» 请温柔地对他讲话，但如有必要，每次也需态度坚定。不要害怕他突然发作（哭泣、发火……）：多少有点故意，他经常利用这种把戏来让你放弃对他的管束。

» 千万别忘了，他操纵人心的那一面只是其性格的一部分，其实更像是他保护自己的方式，因为他不能肯定自己。因此，认真聆听他的想法，不要作出评价，也不要指责他。

第Ⅱ章

驯服一个青少年而不让人厌烦（或几乎不让人厌烦）

尽管你的小孩到目前为止都表现得还算随和、肯合作，甚至可以说有点太温顺了，但是一到青春少年时期，一切都变了！

荷尔蒙变化、性观念突然爆发、身份危机、他人的影响力（他的“伙伴们”），你的权威受到冲击。如果你不采取良好的对策，这一切很快就将你的生活变成地狱。

但是每个人都必须出一份力，不管我们是不是一个家庭，至少必须分担责任：青少年抚养父母也是如此。

为什么和青少年相处如此复杂?

在青春期，你的孩子已经不再是一个小孩了。他开始寻找自己的价值和身份。他倾向于放弃你传递给他的价值观，而去寻找自己的想法，并且当他感到自己的思想和行动自由受到限制的时候，他也会站起来反抗这种压力。

不可避免地，这种反抗往往过于强烈，有时很激进，让人烦躁不安（双方）。如何尽量平和地与他交流？首先，承担起责任（你是成年人），给他支持（认真对待，理解，和蔼……），即使你不完全赞成这个少年所说或所做的（即使你不同意，也不要每次都责怪他）。其次，也不要对他们的反叛小题大做，这只是暂时的。

如何减少冲突?

对于青少年来说，冲突是不可避免的，甚至是必要的，但你自己的反应可能会使冲突恶化。你可以表现出对他的理解，同时也要坚持自己，以此来恢复正常局面：

» 青少年的问题非常复杂，所以别低估了，千万别让他觉得自己完全不重要。

» 向他解释说，你非常明白他有新的需求。

» 但要定时提醒他，你也有自己的要求。

» 警惕孩子特别敏感的方面：个人生活卫生、学习情况、与他人的关系……

» 每次（你的或者他的）声音突然升高的时候，赶紧撤。一旦有人发火吼叫，我们别上前理论了，先退一步。

» 当你要批评他的时候，请具体到某一方面：不要笼统地质疑他所有的态度或行为。

» 不要纠缠同一个问题，即使你有道理：你也只能让人盯着他，但这可能会让你们完全没办法沟通，哪怕你的提议中肯，他也会拒绝的。

» 不要忽略他们对于着装上的抱怨（“他对我说我的夹克非常奇怪”）。在那个年龄，造型对他而言极为重要。

» 千万不要取笑他：青少年非常敏感，几乎总是缺乏幽默感。

» 但是也不要一贯纵容他着装上的任性。跟他谈谈，然后再决定是否要满足他的要求。

» 也不要污蔑他的音乐品味（“这是什么狂野的音乐？”），即便这个音乐让人感到刺耳。硬核摇滚、重金属摇滚乐有点像成长的仪式，特别是对于男孩来说。随着年龄的增长，他们的口味通常会变得更为精致。因此，利用他的兴趣点，与他保持沟通。

» 不要对所有事情都说“好的”。电影、视频、出游、游戏、邀请朋友……要是一个青少年觉得自己可以在任何时候做任何自己想做的事情：这种想法对于一个青少年来说非常危险。

» 当你说“不行”的时候，要温柔，向他解释为什么拒绝他，否则，他会认为你在故意刁难他。

» 但也不要对任何事情说“不行”：你的孩子也应该有权利自己做选择。

» 当你真的不能同意他的时候，花点时间和他讨论，让他改变主意，或者，改变自己的主意，为什么不呢？

» 不要把他当作成年人。即使他身高超过了他的爸爸妈妈，他（或她）仍然是个孩子，所以……

世界大战

跟你在一起的时候，孩子就是一个孩子；和其他人在一起，孩子已然是一个大人了。

青少年时期，他的生活由两个独立的部分组成，一方面，家庭、学校、老师、大人们、体制……另一方面，他和他的伙伴、他思恋的人、跟他生活方式和行为方式一样的人。

两个世界的价值观、优先事项并不一致，甚至是相互碰撞的，轻则会导致冷战（双方都坚守自己的原则），甚至引发冲突矛盾。

如何用自己的世界（世人的世界）来影响孩子们的（他自己的）世界？你首先必须了解，他们对于团队的归属感的需求是自然而且合理的。向他解释说你非常理解他的朋友于他而言非常重要，是第一位的，但是，即使他的家庭于他而言已退居第二位，这还是他的家：他至少还是应该给予一点关注。让他尽量平衡好学习时间和跟朋友在一起的时间，这才是长久之计：你们之间减少了矛盾，他也延续了自己的友谊（如果他留级的话，就可能失去朋友）。如果你对他的朋友们不满意，也请保留意见：他会不自觉地认为你是在针对他。反之，你可以（有分寸地）鼓励他对待朋友的时候，要有所取舍，懂得分辨。

如何和青少年沟通?

你的孩子从你的权威中解放出来，表现得越来越固执。他不再本能地听从你的要求。

这一切都必须经过商谈，但是你们的讨论经常变得很激烈。你的孩子很有可能封闭自己，躲到自己的小团体里（那里，在一点酒精和大麻的刺激下，生活似乎有点酷），或者草率地应付作业以逃避压力。简而言之，困难和冲突是不可避免的，但你可以大大减少。

» 辩证地看待问题（而不是小题大做）：你和他都会更好地保持冷静。

» 花时间冷静地对话，避免“无谓”地解释（隔着两扇门，家庭冲突之后……）。

» 客观地提出问题。他必须花时间在自己的工作、学习、家庭生活上，这是一个事实。你越是不把它当作一个情感问题，他越不会有过激反应。

» 每次当你谈论一个问题的时候，（你和他都需）考虑它的后果：今天，这事具体意味着什么，以后会有什么后果？

» 不要试图不惜一切代价地讲道理，你不是在玩《最弱的链接》[①]。

» 避免使用简单粗暴的论点，即使你说得有道理。你的孩子不是白痴，所以认可他的智慧吧。

» 花时间聆听，并给他解释的时间。

---

① 法国知识竞答类电视节目。

» 降低你的语速和语调，他也会降低他的。

如何与父母好好相处？

你的父母是（过于？）友善的父母还是凶狠的父母？你是随机选择（就像抽奖一样）自己的父母，好消息就是，除非你投胎到危险的精神病患者家（少见），尽管每个父母各有特点，但他们有一个共同点——他们已经尽力了。理论上来说，他们都是出于好意，他们都是为你好，而且他们为此倾尽全力。然而，你经常感到窒息，感到没有自由。这是“适应问题”吗？他们以为现在的教育还和30年前一样。或者这是“方式问题”？他们没有找到正确的方式对待自己的孩子。无论如何，你可以改善你们的关系，看到父母好的那一面，让你们的共同生活变得更加和谐。

例如：

» 不把我的父母当成酒店老板。我必须按时吃饭，我住在这儿不仅仅是为了跷起二郎腿，我参与（收拾桌子，洗碗……），当我离开（或者回家）的时候，要（提前）告知。

» 不把我的妈妈当成女佣（也不要把女佣当成我的妈妈）。整理房间，每天把待洗衣物放进脏衣篓，邀请朋友的时候，我把厨房收拾得一尘不染，占用别人房间之后，把房间收拾干净……

» 我不需要父母来维持秩序。我能履行自己的义务，并且我向他们表示，他们可以信任我。

» 我不把我的父母当作自动提款机。根据自己的需求以及父母的经济状况，和他们协商我的零花钱，之后再行支配。我既不直接向他们开口要钱，也不通过操纵的方式（当父母分开的时候，抬高另外一人给出的价格，以获得更多的零花钱）来索取金钱。

» 我不把父母当作变形虫[①]。他们担心我是正常的。因此，我要让他们安心：不，我不会和初恋上床的（特别当自己是处女的时候）；不，我不会吸毒的（尽管我时不时会抽烟）；不，我不会和狐朋狗友混在一起的。

如果你觉得父母过于干涉你的生活，想要恢复友好沟

---

① 变形虫是一种单细胞生物，它的特征是当中间的细胞核往右移动时，右边的细胞膜就会扩散，而左边的细胞膜就会收缩，反之亦然，因此，无论细胞核移动到哪里，它总是被保护（包围）在细胞膜中，常用于形容亲子关系。

通，或者想要从他们那里获取所需，唯一的办法就是尊重他们的“游戏规则”。避免犯错，因为犯错误只能让他们对你更严格，你需要做出承诺，以同样获取他们的承诺。总之，你可以针对几点要求和父母订立一个契约（书面），并让他们接受。比如：

我承诺……

按时吃饭，参与（买菜、做饭、摆放餐具、收拾桌子、洗碗……）

我要求你们……

不要强迫我吃我不喜欢的食物，不逼我吃带酱汁的食物（当我艰难地试着节食的时候）。

我承诺……

做好自己分内的事（个人卫生、学业……），你们完全可以信任我（我言出必行，有一说一，言而有信……）。

我要求你们……

不要不停地对我说“做这做那”，把我当成一个男孩或者小姑娘，或者不停地威胁我，对我发火，用爱的名义绑架我。

我承诺……

不把你们当成老古董。当我们之间出现了问题，我会跟你们沟通，而不是板着脸。也不会把你们当作傻子，我不会跟你们胡扯。如果我犯了错，在酿成大祸之前，我会跟你们坦白的。

我要求你们……

尊重我的隐私。不要乱翻我的东西，不要监视我，不要追问我的情感生活。

我承诺……

敬爱你们，尊重你们。你们都是感情生物，有喜怒哀乐，你们关心我。我会主动与你们沟通：如果我出门了，我会及时汇报我的消息；如果你们给我手机留言了，我会（当天）给你们回电话。

我要求你们……

也疼爱我，尊重我，尤其要信任我。

第Ⅲ章

指挥一个男人

搭讪一人一夜欢愉，寻一人与你共度一生，给自己买一台新电脑、在威尼斯度过梦幻一周、买最新款的古驰包包……通常情况下，你稍加注意就可以获得别人的举手之劳，甚至巨大的利益。如今，某些人肯定承诺过你很多好处：他会帮你找一份工作、帮你洗碗、每天刷牙三次、修理走廊的架子、修理管道、戒烟、改掉恶习……

那个时候，他往往是真诚的，但遗憾的是，他的“好的”通常掩盖了“但是”“如果”“也许”以及“绝不”。好心经常办坏事，何况人们有三十六计来逃避你的请求。此外，你还经常因为对方不能满足你的要求而指责他们。

相反，专业的营销人员运用精心设计的策略及其无可置疑的效能，就能够说服他人走向收银台。运用这些技巧，你也许摘不了天上的星星，而且也不能说它们屡试不爽，但是不管怎样，会增加有效的次数。

学会评估请求

当我们对他人有所求的时候，首先要站在对方的立场上，考虑一下这个请求于他而言意味着什么。

首先，这取决于你的请求需要对方承担怎样的风险水平。这种卷入并不同于“过一夜”还是“过一生”这样的选择。同意吃一顿饭总是比同意共度整个周末要容易一些。比起陪你去很远的地方，陪你去马路上转转会更容易实现。这也是一个金钱的问题。没钱的话，在决定买两张机票去威尼斯的时候，他纠结了两次。也是一个约束问题：对方对你说“好的”可能会让他的生活变得更加复杂，并且带来一些麻烦。

其次，如果对方对你说“好的”，那对他有什么价值？只是顺手吗？他帮你一个忙，他让你很开心，但这不具备互利性。另一种情况，对方可以从中获利，或者希望从中获利。通过帮助你，对方可以提升自我形象。举个例子，于对方而言，比起为你支付罚单，为你购买内衣显然更具诱惑力。或者，他在等待你的回报：他给你付了罚单，但是好吧，你会因此对他更好一点。

最后，为什么他要特意帮你这个忙呢？你和别人有什么不同？一个男人也会优先帮助他命中注定的女人，而不是他那些露水情人。

选择最佳时机

寻求帮助既不能不管时间，也不能不顾地点。不管怎样，不要在对方匆忙路过的时候提出：此刻，对方并没有真正听进去，他说了“好的”，但之后他就完全忘了。实际上，你要的东西越发难以得到，越是难以开口，你就越是要小心时机，等待各方条件达到最佳。

» 你的“对象”必须有空闲，此刻心情和状态都很好。如果他前一天晚上没有睡好，如果他快要生气了，处于紧急状况，那都不是最佳时机。

» 保证处于安静的环境。如果养路工人正拿着榔头在维护地面，最好不要尝试提出请求。

» 让你的“目标”舒适：用一把靠背椅或一张沙发来招待对方，而不是一把坐得屁股疼的椅子，调节适宜的温度（客流涌动的商铺总是注重室内温度，不论夏季还是冬季，都给客户舒适的体验）。

» 总是以“给予”开始，一杯咖啡、一杯酒或者一个吻，以创造互利氛围。当他人表示出“友善”的时候，我们总是很难对他表示拒绝。特别是当我们感觉很亲近，不想失去这份友谊或者爱情的时候。

如何有效提出请求？

当你对一个男人说：“我的电脑坏了，你能帮我修一下吗？”或者“你能去洗碗吗？”，通常情况下，他会这么理解：“你什么也不做，干点正事吧”或者“我不太确定你是否有这个能力。”询问一个男人“能”做什么事情，就好像是在质疑他们的能力一样。因此，他会毫不犹豫地回答“是的，我能做”，然后他就忘了。所以，建议使用命令式：“把垃圾桶拿出去倒了。”“给孩子做晚饭。”“去修一下电视机。”在火星上，人们习惯执行命令。

如果你想要获得他的同意，最好避免以下句式：“你有时间做……吗？”“如果做……会麻烦到你吗？”“我想你应该可以……”“我们必须得做……”谁是“我们”？也许只是你，反正不可能是他……

建议：避免欢愉之后在枕边提出请求。此时此刻，意乱情迷，释放大量的催产素，人类温柔之乳，一个男人会答应对方所有的要求，但一旦清醒过来，他就会回到现实之中。

确定最大目标和最小目标

一名优秀的销售员通常会问两个问题："我应该尽量达到怎样的具体的目标？"和"我是否能够确定目标达成？"然后规划行动余地。通过设定一个高的假定目标（乐观）和低的假定目标（悲观），你可以不断调整适应。

» 因此，避免非此即彼的提问，比如"是还是不是"："我们很快就结婚了，是不是？"答案："不是。"运用这类可供选择的问句："你想要一个盛大的婚礼，还是简单地邀请几个亲友就好？"对方的答案会给你一个方向。即使对方的答案是负面的，也称不上是明确的拒绝。

» 做出假设。你的请求，特别是当它有强烈的暗示的时候，在对方看来代表着变化、风险或者让他感到不舒服。采用假设性的问句："如果今晚我们一起过夜的话，是去你家，还是来我家呢？”“如果我们有个小孩的话，你打算怎么准备他的房间呢？”你向他传达了一种心理意象，可以“轻柔地”引导他接受变化。

» 提出一点要求，以获取更多。“你周六能花五分钟帮我拿三件东西吗？——嗯……好的。——太好了，我要搬出我的旧公寓，然后把东西全都搬到乡下去。你来的时候不介意开那辆 4 × 4 的车吧？它后备厢更大些，这样我们可以少跑几趟。——额，不介意……”为了获得更多，我们要从一个小小的请求开始。这是著名的盎格鲁撒克逊的低球技术（low-ball）。这个技术基于以下事实，一旦我们说了“是”，就很难说“不”了，即使我们同时意识到自己被作弄了。亚利桑那州大学的心理学教授、著名社会心理学家罗伯特·B. 西奥迪尼证明了这个观点。运用了低球技术后，56% 的人接受做他们本来完全不想做的事情，53% 的人确实做了。

» 提出“大”的请求之前，先提出“小”的请求。是否曾经有人在路上询问你时间之后，问你借一欧元、一张餐票或者一张地铁票？当然了。这就是登门槛技术，其目的在于第一时间“卷入”他人，在提出让对方非常难受的大的请求之前，这个请求很可能被对方本能地拒绝，首先向对方提一个微不足道的小请求。例如，如果你想劝说你的小孩不要再玩电子游戏，你可以要求他一天不打游戏，然后再试一试停止一周。使用了登门槛技术，如果你想让他戒掉某样东西，会有76%的成功率，否则只有16%。

» 请求过多，只为得到一点。“话说，你能送我一个普拉达的小包包吗？——不可能，这太贵了，再说，你家里都有三千多个包了！——好吧，那就给我买副眼镜吧。——那好吧……”

与“登门槛”技术相反，“留面子技术”是先提出一个非常具有难度的请求，之后再提出我们真正想要的，但是代价小一点的请求。

建议：第一个请求必须比第二个要困难得多，但要保持在同一主题之内，两个请求的间隔要尽量短暂（超过一天，就没有意义了），最好是面对面交流，而不是通过电话或者电子邮件的方式，更不要通过写信的途径。

» 把你的需求当作“利益的客户”。原则：把你的需求与对方的自身利益联系在一起，因为当你让对方觉得他能从中获利的话，我们更容易从他那里获得所需。这就是

“并不只是这些！”技术，其后便是“只是为了你”技术，被广泛运用于销售行业。该技术让客户购物和成功的机会增加了一倍，有时增加两倍。

比如，当你想要和一个陌生人产生性关系的时候，不要说：“我非常想要你。”而要说：“我从来不与第一次见面的人发生关系，但你是个例外。”——“只是为了你。”

并且加一句（“并不只是这些”）：“你跟其他人不同。”“今夜有你，与众不同！”……

或者，如果你想要个孩子，不要说：“如果有个小孩，我会非常非常开心的。”“我一直想成为一个妈妈。”……尝试着说：“我对孩子没什么太大兴趣，但是和你生一个的话，那就不一样了。”——“只是为了你。”

并且加一句（“并不只是这些”）：“我敢肯定，宝宝一定跟你一样帅气。”“你可以少交很多税。”……

让人扮演“推荐人”的角色

像你一样，你的目标，或者你将来孩子的父亲也是易受影响的。他有自己的谋士，虽不一定是智囊，但他尊重并信任他们的判断力。你必须找到他们，通过与他们建立友谊来利用他们。尤其当你的请求涉及较广的情况下，因为它的成本很高，例如买新房风险很大，再比如，搬到克勒兹省的偏远之处，或者搬到世界的另一头，再比如感情纠葛，例如离婚，或者和你重归于好。

» 好好结交（也不要太过分）他最好的朋友、他的母亲、姐姐或者他的老板。如果你仔细打点了那些能够影响他决策的所有人，那你已经成功了一半。他们很乐意为你说好话的。

持开放的态度

如果对面与你交谈的人没有决策权，那你就是在浪费时间。露水情缘或者灵魂伴侣都可能有足够的能力和办法对你的请求说“好的”，但是他们没有说的勇气。比如，他想和你共度春宵，但是他的妻子还在家等着他；他想和你保持联系，但是他还没准备好跟你结婚。

或者，相反的，他没有足够的能力或办法：他并非完全自由，他没有钱做……，但是他动机非常强。这种情况下，一切只是时间问题。

» 你应该给他足够的时间。通常情况下，我们的计划之所以失败，是因为我们不尊重别人的节奏。我们步伐太快，想要逼迫对方尽快抉择。

» 一个男人今天可以对你说“不行”，明天也可以对你说“好的”。但是，如果你直接对他说“要么现在，要么就别谈了”，对方就很难接话说“要不明天再谈”？反之，你可以对他说“你可以自由选择……”或者“你想怎样就怎样”“由你决定”，你获得对方“好的”的概率会增加两倍。

相信成功

当你想要获得某个东西（或者某个人）的时候，必须真情实意地想要。如果在你内心深处，没办法说服自己是否真正有所求——这只是一次心血来潮，你不确定是否值得，这种想法只会让你陷入困境。如果你害怕被拒绝、被抛弃，那就没必要去尝试了。

» 成功的法则就是不要总想着失败。否则，但凡遇到一点困难、一点挫折，怀疑就会慢慢滋生："这我早就知道了"，言下之意："他觉得我很丑""他不爱我""我指望不上他"……结果：你选择了放弃而不是坚持。

如果放弃那就真的太遗憾了，因为对方的一个反对意见，特别是在最后一刻提出来的，这通常也是一个信号，暗示你的谈话对象准备"让步"了，他只是需要你临门一脚，来让他说出"好的"。

预防被拒

他说"绝对不行"，你理解成："他不会清理垃圾桶了，他不会疏通水槽了""我不可能拥有那条普拉达的小裙子了，也不可能去佛罗伦萨度周末了，也不会有小宝宝了……"你错了。当一个男人说"不"的时候，这绝对不是最终的答案，他可能会改变主意。这既不代表着他要闭门谢客了，也不代表着完全拒绝。他只是简单地表示"现在不行""也许晚一点可行"。另外一个男人也许可以明白这个答案并非锁死。他知道事情可能也应该有回旋的余地。他会再次检查自己的文件、需要介绍的“资料”，然后换种方式继续，而不是就此让步，或者放弃自己的目的。

因此，如果你并没有第一时间取得成功，试一次，再试一次。

第Ⅳ章

学会怎样和女性交流，尤其是和你的妻子

当你的妻子发牢骚的时候，你觉得她是想要帮忙还是想要放松压力呢？当你的女同事惊呼：“我的天呀，这一天糟糕透了！”你会怎么回答她？“是啊，这一天总算结束了”还是“我还经历过更糟糕的呢。”再比如，有一个女孩对你说“对不起，不过我真的不感兴趣”，你明白这是一个明确的拒绝吗，还是你觉得你可以再坚持一下？这一切都说不准！

我们在同一所学校学习，假设我们也说同一种语言（母语），然而，我们想的却不一样。因为我们表达的原因不一样，聊的也不是同样的事情，也不采用同样的方式。对于一个男生或者女生而言，同样的单词、句子，并不一定含有同样的意思。

我们以为理解对方了，但其实误会无处不在，尤其当时机不对的时候，误解更深。

无论困难时期，还是日常生活中，无论在办公室还是在家里都是如此。

为什么你完全不了解女人？

美国语言学家黛柏拉·泰南表示，女性不同于男性，她们很少直接表达自己的请求。她们更想引导他人获取共识，而不是强加自己的观点。显然，对于男性而言，这种表达方式常常令人难以理解。他觉得这属于优柔寡断，一般而言，他忍受不了这种方式。因此，他会单方面地打断对方，思考对方到底想说什么。而这种行为反而会激怒女性。

黛柏拉·泰南还揭示了男女交流困难的另一个原因：如果说是女性更频繁地发起（并保持）对话，那么其实是男性在主导对话，通过保持沉默（以让女性更换话题），或通过低声附和（以表达他们的兴趣），更常见的是直接打断对话（谈话中断的概率高达 96%）。

另一方面，瑞士语言学家伊迪斯·斯朗贝克发现，女性运用条件式表达的次数是男性的两倍，运用限定性表达的次数是男性的五倍，类似“可能的”或者“有点”。她们提出的问题也是男性的三倍，而且他们经常在句子中使用“是不是”，或者不把句子说完整，并且更经常道歉。因此，男性经常觉得女性言辞闪烁（“她并不知道自己想要什么”），因此，错误地觉得女性说的话并不重要。

简而言之，你想对女性产生更大的影响吗？首先聆听她们说了什么，让她们去表达并认真对待它们。

在夫妻中，是女人占主导地位！

这是爱荷华州立大学（美国）的研究人员得出的一个结论。他们研究了平均年龄为33岁，已婚7年的夫妻，并观察10分钟他们夫妻之间的争论，或者看他们如何解决问题。结果：不仅女性说话更多，并且她们的观点占上风。研究人员认为这是因为她们在夫妻关系、任务和双方利益方面承担了更多的责任。

如何温柔地对待女人?

对于女性而言，男性话语的语调以及表达方式都过于激进。

你想要与女性更好地一起生活和工作，甚至有一点不诚实的企图：首先，反思自己的语言，并采用合适的字眼（以及更柔和的语调：蛮干不如智取）。

以下是几种日常的场景，用些小技巧操纵女人的心，你成功的概率会翻倍。

请求帮助

你说："如果你有时间的话，能去干洗店帮我取一下我的衬衣吗？"

一位女性理解的是："你什么事情都不管，至少你可以……"

» 你应该说："我知道你很忙，但是如果你能抽一点时间去……这会帮我很大忙。"

你有一份工作，每周工作35小时，如果经济压力特别大，甚至会工作50小时，但是说到底，你不会太劳累。一位女性每天的生活平均比男性繁重3倍。除了工作之外，她们还要负责照顾小孩（你时常送他们上学吗？你经常带他们去看医生吗？）、维护家庭（女性在做家务、做饭、购物或者洗衣服上花费的时间是男性的3倍）……总而言之，如果你不注重礼节，她拒绝你是正常的。

发出指令

你说："哎，你去写个会议报告。"

一位女性理解的是："这次你干点正事吧。"

» 你应该说："能麻烦你做……"或者"我知道你忙不过来，但是你能……"

对于男性来说，用肯定句表达极其正常。男性的世界是非常等级化的：总有一个人发出指令，另外一个人去执行命令。男人之间，这种表达方式完全没有问题，大多数情况下，没有人会因此而生气，并且可以节约大家的时间。相反的是，如果用这种方式对女性发出指令，她几乎总是会生气，甚至觉得受到了侮辱。尽管她与男性处于平等的地位，甚至超过了他们，但她所有的自卑感和"第二性"反应都在听到这样的表达方式之后得以反映。这是可以理解的，几千年的男性统治不会在一夜之间消失。

提议帮忙

你说："你需要我的帮忙吗？"

一位女性理解的是："你真的搞不定的，亲爱的……"

» 你应该说"让我来帮你吧"或者"我可以帮助你，这样可以节约时间"。

除非你是男性突变者，否则你依旧相信女性没办法独自处理问题。从好的方面看，这是"骑士精神"综合征；从糟糕那一面看，这是大男子主义的老旧观念。另外，每当一个女人说出面临的问题或用抱怨来减轻压力时，你都会错误地认为她在发出求救信号。但是，对于女性而言，随着问题的出现，她们就会谈论它们，这是一种高声思考问题的方式，可以很好地整理思绪。如果为她提供现成的解决方案，而不是聆听她的想法，那她会本能地感到被轻视、被误解了。

学会拒绝

你说："不行，绝对不行。"

一位女性理解的是："我根本不在乎你的问题，不在乎你""你永远不可能升职加薪……"

» 你应该说："我目前还不能办到，但是……""我会考虑一下……"

对你来说，"不行"就意味着"现在不行""晚一点，也许可能"。另外一位男性可能会理解这个答案既不是完全的拒绝，也不是明确的拒绝。换一种表达方式，稍后事情或有转机。相反，对于女性而言，由于她们在善良、体贴的环境中成长，她们学会了退缩，甚至牺牲自己。简单的"不行"让她感到被拒绝，她觉得被否定了。

称赞对方，表达满意

你说："你总算脱身了。"

一位女性理解的是："我以为情况会变得糟糕。""你本该做得更好的！"

» 你应该说："我对你做的事情很满意；你让我感到惊喜！"或者"多亏你，我们赢了。"

男性倾向于将所有的功劳都归结于自己，而贬低或者最小化他人的努力。这是一种古老的态度，追溯久远，那时射击猛犸象最准的那个人获得最大的一份猎物。但是，在金星上，女人们不会做自我提升，或者说要少见得多：她们满足于把工作做好，并且想象其他人会注意自己的成果。每当你不给予肯定（经常），或者最小化她的贡献（一直）时，一个女人就会想象最坏的情况："我还不够好""我又让他失望了"……

让她改变主意

你说："你做的这份文件实在太无聊了！"

一位女性理解的是："你无能、愚蠢，你实在太让人失望了，你应该被炒鱿鱼……"

» 你应该说："我不这么认为，我觉得你还不如……"

或者“我不喜欢你做的，我觉得……”

对于男性而言，“无聊”只是一种口头禅。他无意冒犯，仅仅是让别人解释一下，或者再查看一下文件内容。另外一个男人会本能地觉得这不是什么大事，也不会打心里觉得自己受到质疑。反之，对一位女性而言，最重要的不是我们成功了（结果），而是做事情的方式（和谐、达成共识），所有的指责，无论合理与否，她都或多或少地将其视为对她能力甚至女性身份的质疑。

15个让人讨厌的句子

以下是人们经常说，而且女性经常听到的话。需尽量避免，绝对不要说！

你看上去有点疲惫。= 你摆了一张臭脸。

我有点累了。= 不要来打扰我！

不行，我没有时间。= 他不想帮我。

没错，我爱你。= 别再黏着我了。

我这人就这样。= 要么接受，要么离开。

我完全搞不懂。= 别拿这个来烦我。

随便你，我都行。= 他漠不关心。

你到底想怎样？ = 我这些乱七八糟的事情让他

厌烦了。

我会处理的，这样快一点。= 你实在拖延太久了。

你能挺过去吗？ = 你如果做到了，我会非常惊讶。

你想说什么？ = 你都在讲些什么废话啊。

自己解决吧。= 别拿你的问题来烦我。

我来处理。= 别再唉声叹气了。

我们今晚去哪儿？ = 我不想出门。

我们什么时候吃饭？ = 你今天什么也没做。

第Ⅴ章

即使不是领导，也要树立威望

一个家庭、一群朋友或者一个团队被定义为由人组成的群体。每个人都是独一无二的，也多多少少以自我为中心。我们大都认为一个团体的运转取决于自己或纯良或邪恶的想法。

但是事实并非如此。一个团队，不管是什么团体，都有内部运行的机制，并不以某人的品质或强烈的意愿而转移。

在一个团体里，即使只有两个人，总是存在强势和弱势的一方。

有些人“天生”自带威严。的确如此，高大的比矮小的、年长的比年幼的、男性比女性……更加具有自信和权威，但仅仅依靠外表和身份地位还不够，要掌握主导权取决于以下因素的总和：自信、经验、镇定的措辞……

摆脱自卑

掌握主导权第一件要做的事情就是不再恐惧。

每个人都是脆弱的，我们感到自己太矮、太胖、太穷、太愚蠢、太害羞……交锋时的困难正是源于此，我们害怕融入集体，害怕公开场合讲话，害怕跟陌生人交流。通常情况下，我们更愿意缩小自己，藏在角落里。

由于自卑，我们生活在害怕出糗、害怕犯错、害怕惩罚的情绪里。担心做不好，即使事后做好了也怀疑自己、自责、有意无意的罪恶感……这些让我们难以肯定自己，甚至让我们遭受各种各样的操纵：我们发现自己上当受骗了。如何让自己不再恐惧，至少不再那么恐惧？

» 首先要说出来。对我们信任的人说出自己的恐惧（不是仅仅对自己的家人和亲密的朋友，但我们可以从他们开始），这个简单的行为可以自动释放被夸大的负面情绪。一点一点，这种情绪疏导让事情回归到正常的范围。那个“毁了”我的事情也不过是一件小事。害怕在公共场合讲话，只是怯场而已，并不是得了瘫痪。一旦我们可以自由提起，大多数的恐惧就变得能够忍受了。

» 当恐惧非常强大的时候，比如病态性的害羞，好的解决方法在于列一个尽可能完整的表，上面写着你感到脆弱的所有情况。举个例子，接受一个自己喜欢的男性邀约，面对上司的批评，在大会上发言，盛装出席一个晚会，面对朋友们的嘲讽……然后根据痛苦程度分类。接着，从最能接受的痛苦开始，有意地去挑战每一个情形，直到能自如地面对这种情形为止。给每一种情形留下充足的时间（有时候需要几周），只有当你能非常舒服地面对这个情形之后，才能挑战下一个。

增强自信的十种方法

当我们满怀自信，给人正面积极印象的时候，我们更容易掌握主导权。与其比较自己的劣势——大多数人并不比你更好——不如把握当下。

» 精心打扮。衣着、发型、妆容……当镜中的自己令人满意的时候，我们总能感觉到皮肤更好，也更加自信。那么，不要犹豫，去投资化妆品和奢侈品吧。

» 行走更快。你拖着脚走路，倒退着走路，螃蟹似的走路……这自然而然地给你一种很可怜的感觉。步伐加快

25% 的速度，你会立刻觉得自己更有活力、更重要。

» 良好仪态。你弯下腰，低下头，躲避人们的目光……在别人那里反而容易引起你最害怕的东西——负面评价。反之，保持良好仪态（背、肩、头），与他人对视，微笑……你会感觉更加自信。所有的研究都表明，我们的身体态度对我们的精神内容有直接影响。身体挺拔地坐在椅子上，这个简单行为会增强自信心，从而给人留下良好印象。

» 摆脱怪癖。拧头发、揪胡子、啃手指、 搓手……所有这些小怪癖可不是无害的，它们会无意识地蚕食你的自信。然后，别人清楚地察觉出你的不自在。通过更有分寸的姿势，你可以获得威望。

» 站在头排。你害怕别人的负面评价，因此，就像大多数学校里、办公室里或者大会上的人一样，你贴着墙壁走，或消失在角落。你错了。许多研究表明，在团队中占据中心位置会大大提高我们的受关注度。我们占据的位置越好，别人越是觉得我们外貌更具吸引力，更具社交能力。

» 主动出击。当你等待别人朝自己走来的时候、等待别人与我们交谈的时候，你会专注于自己的恐惧心理，专注于或实际或假定的不足。通过主动接触，你会克服它们的。诀窍：永远别忘了，其他人通常跟你一样焦虑，甚至比你更焦虑，想着去邀约他人，去表达自己，或者去回答问题。

» 准备发言。你害怕怯场到全身麻木，害怕冷场，害怕打磕巴或者说蠢话……准备一个小故事。在与人攀谈、自我介绍、吸引注意之前写下几句话。对着镜子大声地重复这些话，当然如果你乐意，也可以在脑海中重复这些话。

» 表达恐惧。当人们试图掩盖自己的恐惧的时候会紧张，其他人也能清楚地感受到。反之，通过大方承认自己这些明显的弱点，比如："你知道，刚开始交流的时候，我总是有点紧张，但是过一会儿就好了。"你能够让对方消气。这会让你变得亲切，也让你更放松。

» 不要假想。当人们缺乏自信的时候，会尤其在意他人的眼光。因而也错误地理解别人的意思。稍微皱了一下眉头就认为是指责、批评，甚至是否决。还不如专注于自己的态度，这会让你从糟糕的情绪反应中走出来，从而做出合适的举动。

» 注重健康。个人的外貌、身体状况会严重影响我们的自信心。疲惫、紧张、消沉的时候，我们会更加脆弱，对自己更加不自信。反之，养成保持身材的习惯（健康饮食、健康睡眠、健身……），就足以改善自己的精神面貌，从而影响他人的看法。

第一印象是好的！

新的会面、第一次约会……一切尽在 3分钟！人们总是立刻对眼前之人产生第一印象。人类学家认为，这是一种生存反射：几千年以来，看第一眼就能区分敌友，这种能力攸关生死。当今，虽然人们在初次相遇的时候面临的风险要小得多，但评估他人同样只需几秒钟的时间。

穿衣打扮、行事态度、说话方式……这些信号集合在一起，你的谈话对象持续地产生对你或正面或负面的印象，如同刻在他的大脑硬盘中一样。

如何增强对他人的影响力

自我肯定，在社会中树立威望，这并没有那么困难。更何况还有各种技巧可以利用。所有强势的人都会借助于此，你为什么不呢？

» 穿戴红色。杜伦大学（英国）的研究团队表明，穿红色服装的运动员比其他人更经常获胜（四倍）。在两性关系上，红色格外具有吸引力：红色具有分散注意力的效果，这会干扰注意力，从而给你带来优势。

» 持续某种着装风格。彰显独特风格，就像贝尔纳-亨利·莱维[①]和他的白衬衣、蒂利·阿迪森[②]和他的黑色T恤……目前关于广告的研究表明，每天至少需要10条信息才能影响消费者的行为。如果此消息与重复出现的视觉元素相关联，则其影响更大。

» 尊重社会礼节。“你好吗？”“身体怎么样？”……美国一位心理学家霍华德指出，我们的惯常问话，包括惯常回答的短句子，并非无关紧要，它们影响着社交关系。当某人回答“很好”的时候，他会觉得必须呈现出“很好”的样子，因而也更乐意接受一个请求。

» 请勿指手画脚。拉近椅子、拉开你的外套、善意地摇摇头，但是不要乱晃动。真正的统治者行事都很缓慢，几乎是静态的。看看雅尔塔会议上的斯大林，面无表情，

---

① 贝尔纳-亨利·莱维，B.H.L，Bernard-Henri Lévy，1940年出生，法国著名的青年哲学家、政治活动家、记者和公共评论家。作品包括《上帝的遗嘱》《自由的冒险历程》和《萨特的世纪》等，经常穿着标志性的白衬衣。

② 蒂利·阿迪森，Thierry Ardisson，1949年出生，法国著名电视主持人，平时常穿黑色T恤。

但是丘吉尔和罗斯福咯咯地笑着，自己却被骗了。领导者是其他人围绕的中心。

» 带着灿烂的微笑。大家都知道微笑让人际相处更为舒适。但是很多研究同样表明，一个人如果笑得很灿烂，嘴角拉开，露出上牙和下牙，那么他的外在魅力会增加一倍，并且让人觉得更具能力。

» 有幽默感。幽默在搭讪的时候很有用。根据法国民意调查所的调查，44% 的女性可能会选择一位“超级有趣”的爱人，而不是性感或者聪明的。还有其他优势，具有幽默感的男性通常被认为更加自信，如果你是一位女性，应避免开玩笑：大部分男性会认为你在嘲笑他们。

» 学会模仿。姿势、神态、语音语调、口头语、态度、穿衣风格……物以类聚，人以群分。所有的社会心理学研究都表明，人们更喜欢更愿意帮助那些和我们相似的人。

» 扮演鹦鹉。拉德堡德大学（荷兰）的社会心理学研究团队发现，人们对那些经常重复自己语言的人表现得更大方，比如：“就像你刚才提到的……”“事实上，如果我没理解错的话……”

» 当别人对你说话的时候，点点头。南布列塔尼大学的社会心理学家尼古拉·盖冈发现，如果客户在说话的时候，售货员点头的话，他们的谈话时间会延长13%，销售额也会增加11%。

» 不要吝啬赞美。迎合他人的自我是引起他人的兴趣、保证良好合作的最好方式。首先让他人获得愉悦，因为这能满足他的自尊心。

» 保持眼神接触。不要盯着对方，这让对方感到不自在，但是，当你对他们说话的时候，要直视对方的眼睛。当我们看着对方说话的时候，66%的人会同意我们的请求，但如果眼神飘忽的话，则只有34%的人同意。

» 更多的“身体接触”。比起缺乏触碰（47%），触碰（碰对方的手臂、手、肩膀1到2秒钟）更能得到令人满意的答复（76%），再加上眼神接触，成功率高达91%。法国、美国、以色列的研究均证明了这一观点。

» 用问题回答疑问。这是心理学中常见的技巧。一箭双雕：避免回答问题（你没有听对方说什么），你回答不好问题（你没有答案），你可以保留一部分神秘感（别人认为你知道答案），并且你还可以知道对方的需求。

» 保持悬念。要传递一个什么样的重要信息？注意效果。原则：总是透露一点儿信息，以勾起人们的好奇心，玩弄他人的耐心，以达到更好的效果，让人压力倍增，以让最后他们大松一口气。实际上，通过吊人胃口，我们总能更好地操纵他人。

» 学会突然停顿。通过突然改变态度或者行为，比如，你话说到一半停了下来，站起来，然后观察一棵绿植，你持反方观点，就创造了一个让人惊讶的效果，这可以打乱对方的阵脚。

25 个技巧，帮你掌握主导权

即使我们与他人的关系友好且稳定，仍然有一些小技巧可以影响他人。如何在人际关系中掌握主导权，在你需要的时候，如何获得他人的帮助？以下 25个巧妙的方法可以帮助你不知不觉地掌控全场：

» 注意握手（坚定有力，但不要太过）。面试、谈生意、追求爱情……一次简单的握手就能让你大获成功，或者一败涂地。

» 亲切地对待每一个人，无论他强势还是弱势，无论对方的社会地位，都表现得热情友善是成功的第一把钥匙。

» 尊重社会习俗、一般的社交礼仪，但是也要根据你经常结交的社会团体进行调整。例如，如果大家都以“你”相称，就不要以“您”相称，反之则相反。

» 当你第一次到某个地方，尽量低调一点。首先观察谁是谁，谁在做什么，又和谁在一起，谁是最重要的人。

» 聆听一切。所有的信息，即使那些表面上看起来没什么意义的话，将来的某一天可能会有用（发表意见、做一个决策、扭转局面……）。

» 不要待在角落里。让自己被看到，利用（接触、对话……）吸引注意力，让别人注意到你。

» 用一种独特的方式，尽量融入一场交谈。避免平庸的话题（天气），而是聊一些时事新闻。

» 制造“挂钩”来接近人们，吸引注意力（例如，“我昨晚梦见你了，让我觉得很有趣呢”），定期更换一下这个说法。

» 当你说话的时候，不要对着空气，而是去寻找人群的目光，以保持他们的注意力。

» 说话时，用嘴唇清晰地表达（嘴唇的动作也能吸引注意力）。并且，当我们吐字清晰时，我们的脸就会更具表现力和说服力。

» 始终表达清楚，确保你的谈话者看着你：我们说话的方式（语调、手势）对别人的影响是普通表达的两倍。

» 摆脱你的语言坏习惯：“我的意思是”“我呀，我是”“嗯……啊！”……他们不仅表现得缺乏自信，更重要的是，对方只听到了这些口头用语，而忽略了你真正表达的内容。

» 讲话途中简短地沉默，与对方眼神交流，给他们留下时间记录。

» 讨论他人感兴趣的话题，同爱好时尚的人谈论最新潮流，和喜欢打游戏的人聊聊电子游戏，和父母谈论孩子……

» 即使在假意或谎言的情况下，你也要保持真诚的口吻。如果你觉得自己做不到，那就不要讲话。

» 不要每时每刻都假装刻意地微笑，过度的热诚属于顺从。

» 在谈论中保持主动。当谈论变得对你或对其他人来说太尴尬时，转移注意力或者改变话题。

» 总是向别人表现出你的专注，比如点头，即使他们跟你说的并不是特别有趣或非常无聊。

» 在一个团体中，优先与你试图说服或吸引的人交谈，但不要忽视其他人。通过频繁地询问他们的意见，让他们参与到话题讨论中，即使你完全不在意他们的观点。

» 总是给出两个提议，首先介绍不那么有趣的一个。通过对比效果，第二个提议看上去总是更具有吸引力，并容易获得同意。

» 不要对挑衅做出反应。例如，不要通过反击来回应。面对过于刻薄的人身攻击，可以用冷漠，或者干脆用自嘲来回应。

» 但永远不要拒绝反抗，即使你处于不利境况，可以要求对方对他的进攻给出相应的例子。

» 另一方面，学会推迟反抗，如果你没有足够精力应付眼前的状况，随便找个借口暂时躲开。由你决定反抗的时间和场合。

» 永远不要为自己辩护，尤其是当你面对指责，确实有错的时候，还不如睁大惊讶的双眼。这样别人可能会怀疑自己的看法，你也就获益其中。

» 在情感上保持距离，尤其是在情感勒索或最后通牒的情况下。

第Ⅵ章

说服的艺术：怎样在公共场合阐述自己的观点

在当今社会的义务教育阶段，我们从老师痛苦地输出知识，就想象得到让那些愿意听你讲话的人听懂你讲的内容是多么困难。

更何况，我们生活的世界充斥着大量的废话。然而，当我们心有所求的时候，拥有好口才非常关键。

政客、记者、沟通大师……所有擅长口才的专业人员都有非常有效的技巧，可以吸引注意力，不让听众打瞌睡，或者被人拒绝。应用这些技巧，你将坚定自己的信念，并强化对他人的影响力。

两人面谈

背景：会见、招聘面试、评估面试、和客户沟通、商务午餐……

挑战："吸引"，获得同意，达成一致。

不利条件：尽管此时冰面已经破碎，但是每个人都是一座孤岛。

风险：无声的反抗。对方假装在听你讲话，但并没有真正参与其中，或他在独白：他没有给你说话的机会。

良好策略

» 如果你想触动谈话对象的敏感弦，坐在他的左侧 45 度；如果你想唤起他理智的大脑，坐在他的右侧。

» 看着他的眼睛以建立你们之间的联系，在你们讨论的过程中遇到重要时刻停顿一会儿，比如在一个想法、论点、问题、答案之后。

» 倾听他人的时候注意保持脸部（额头、眉毛、嘴……）放松。时不时地微笑以表示自己的兴趣和友善。

» 就你听到的内容提问以保持专注。比如，重点是什么，这些信息对我的工作有什么影响，其他人对我有什么期望，我应该问他什么……因为我们的思想本能地会发生偏移，因为我们听的速度比我们说的快 3 到 10 倍。

» 小心对方注意力下降或可能出现的迟疑，例如，他坐的椅子明显地往后退了几步，或者他的眼神开始游离。

应避免

» 侵犯对方的私密领土（在其周围保持一米的直径），比如，提出问题的时候，向前倾得过多，十分靠近对方。

» 始终盯着他，这通常被视为挑衅，尤其对于食肉动物而言。

» 表现得太过熟悉，避免不适当地以“你”称呼，避免可能被认为是暧昧的身体接触。

降低音量！

在自然界中，统治者拥有低沉的嗓音。我们的声音越低沉，我们就显得越发可信，也会激发自信，反之亦然。荷兰学者萨拉·柯林斯得出此结论。如果你嗓音较高，如何让它“低沉”呢？诀窍是轻声说话，身体向前倾，收腹，音调往下压。像电影《教父》中的白兰度或帕西诺一样轻声说话。通过迫使人竖起耳朵仔细聆听，你可以消除异议。专注于倾听，别人就没有精力再批评指责了。

三人讨论

背景：和两个同事、两个合作伙伴等讨论，和两个客户、两个供应商、两个上司等谈判。

挑战：强调你的观点、说服你的听众。

不利条件：力量不均衡。你是单枪匹马，对方是两个人。

风险：与对方陷入问题和 /或思考的交锋中，或被排除在对话之外。他们一起聊天，并且无视你。

良好策略

» 坐在一人的对面，另外一人的旁边。这会不知不觉地改变你们的力量关系：你不再是一对二了。

» 稳稳地坐在椅子的后部，挺直上身，双脚平放在地上，不要在座位下面把腿折起来或者交叉双腿。在椅子上挺胸抬头不仅仅是一个正确的坐姿，它还会让你更加自信。

» 在开始一个句子之前喘一口气；在句子中间停顿一会儿，这让你的发言不疾不徐，富有节奏。

» 谈话时优先考虑最重要的人，但是要注意让另一个人参与进来，比如，经常征求他的意见以示看重。

» 当你想表达自己的意见、传达你的决心时，请提高音量；当你要提出建议或宽慰人心的时候，请降低音调并减慢你的语速。

应避免

» 用单调的声音说话，面无表情，即使你一直面带微笑，仍然显示出你的窘迫。

» 总是说“我”，应用“我们”代替“我”，让更多的人参与进来。

» 让你的两个对话者中的一人陷入沉默，在旁观察，他可能已抱有敌对情绪。

微笑，让人获益良多！

不管在生活中，还是在职场上，面带微笑的“丑陋”的人总是比耷拉着脸的美女更受人待见。但是，大量的研究也表明，一个微笑的人同时也被认为更真诚、更独立、更具有能力。简而言之，如果微笑的话，你成功的概率会翻倍。

多人会谈

背景：非正式会议、圆桌会议、团队午餐或晚餐……

挑战：传达想法、输入观点。

不利条件：竞争、对抗、重点和利益的分歧。

风险：被垄断话语权的人钳制言论，一直被打断，无法表达想法、论点，无法传达思想。

良好策略

» 找出在场的人中的决策者以及 / 或者团队中的主导者。

» 尽可能地坐在他的对面或者附近，以便能够轻易地吸取他的目光，抓住他的注意力。

» 对着团队里最有影响力的人说话，但是也要环顾四周，兼顾每个人。

» 抓住选择恰到好处的时机发言，以便指出或者强调一个关键信息，提出恰当的问题，抛出讨论的议题，提出有建设性的意见。

» 说话时，请用嘴唇清晰地表达文字。嘴唇运动也能引人注意，并且口齿清楚时，表情就会更生动。

应避免

» 打断他人，即使对方喋喋不休或者离题万里，除非是你主持会议。

» 强调困难和分歧。更多地着眼于解决方案（采取的行动），而非讨论问题本身（分歧的根源）。

» 当人们无话可说的时候才发言，或者重复他人说过的话。当人们询问你的意见时，如果你没有新的看法，就简单地说：“我同意你的意见。”

发言

背景：访问、研讨会、新闻发布会……

挑战：在 15秒内说出重点。

不利条件：终于摆脱匿名状态。

风险：不允许你发言，或者允许你发言，但你的言论淹没在嘈杂声中。

良好策略

» 如果是研讨会发言，准备四到五句自我介绍："大家好，我叫（姓名），我是（头衔、职位），我（想、计划、愿）……"。

» 如果是新闻发布会，准备三四个非常清晰、简短、恰当的问题。

» 起立，等待几秒钟让听众的眼神汇集到你这里，在提出问题或者发言之前，做一个简短的自我介绍。

» 如果是访谈，准备三四个重要观点，强调你的引言和结尾部分：这是人们记得最清楚的部分。

» 在重新落座之前，感谢听众的支持，感谢他们提供的答案。

应避免

» 只有一个好的问题：它可能被其他人提出来。

» 吐字不清（吞音），眼睛看着天花板或者地面，不看你的发言人群。

» 当没有麦克风的时候，说话声音太小（大声地说出来），或者当有人给你麦克风的时候，你的声音又太大了（正常音量）。

做报告

背景：课堂、团队简报、客户展示、评委、试镜……

挑战：输出观点、资料、计划或者自我营销。

不利条件：你处于听众的焦点，他们根据你的演示内容、展示方式来评判你。

风险：在最初的10秒钟内引起注意（人们不再关注你，他们在自己之间讨论开来）。因此，特别注意你的引言部分。

良好策略

» 与你的听众保持一定的距离，以保证所有人都能看见你。

» 开始之前，安静地看着你的听众，最开始看看“朋友”，接着看每一位参与听众。

» 用简单的手势强调你的论点，张开你的双手，面向听众。你的手势应该随整个上半身而动。

» 如果你想向观众展示资料的话，尽量靠近屏幕一侧，并且保持面向观众。

» 表达一个重要观点之后，沉默一到两秒钟，看看现场的每位听众。

最后出场的人就会拔得头筹吗？或许不会！

竞争项目、试镜、快餐式约会……设法成为第一或最后一个。美国心理学家万迪·布鲁因·德布鲁因指出，在一个接一个地出场的竞赛中（《美国之声》《欧洲电视网歌唱大赛》、艺术体操等），评委总是会给第一位和最后一位出场的选手更高的分数，尤其是最后一位。首先，由于新鲜感的刺激；其次，由于从早到晚一天辛苦下来，所有人都有点心不在焉，想赶紧回家了。

应避免

» 冗长而令人费解的语句。不要啰里啰唆，良好沟通的原则：一句话 = 一个观点。

» 特别看着某个人，只对着坐在中间的听众讲话，或对着空气讲话。

» 手四处乱挥舞，用手指着某个人（威胁）或指着空气（卖弄学问）。

发表演说

背景：会议、研讨会、代表大会、见面会、辩护……

挑战：设法传达信息，引起关注，并说服大量持不同观点的听众。

不利条件：怯场。

风险：听众保持礼貌但也无精打采，对你所讲的不感兴趣，或者反对你的看法，他们相当激动，提出异议，一片哗然。

良好策略

» 前一天，请重新阅读笔记并查看影像资料，心里再重复一遍你的观点，然后，设想自己面对的情形（理想情况：去你要发言的场地），想象在场的听众，并从头到尾重复自己的讲稿。提前准备一到两个玩笑，可以再次吸引观众的注意力。

» 在演讲当天，审慎地选择你的着装，让观众将注意力放在你的脸和演讲上。

» 面对公众，保持放松的姿势：骨盆和胸骨在同一轴线上，抬头，双脚以 V 形打开，手臂稍微分开，双手张开，以便全方位地与观众接触。

» 开始之前，请静默观看整个会场，首先看会议厅较远的地方，接着靠近一点；也看一下会场角落的听众。

» 发言时，不要对着空气，要与听众眼神交流，然后，每次更换观点的时候，换一位听众进行眼神接触。

应避免

» 前后摆动身体，双手交叉在小腹前（用来抵御潜在威胁的一种古老姿态），将双手放进口袋，靠在墙壁、桌子、课桌上。

» 双臂一直摆动：双手离开自己的身体范围，也就是距离自己 50 厘米之外，并双手朝向观众。

» 不看观众，而是埋头看着自己的笔记（用心记住稿子）。

20 个防止怯场的诀窍

我们没办法逃避怯场，但是有一些技巧可以让我们抵消怯场的影响，演员或者那些经常公开发言的人也熟知这些技巧。

发言前一天

» 安排一个消遣活动：美餐一顿、看场电影、度过春宵一夜……

» 身体疲劳之后好好睡一觉。

» 想象你要面对的情形、你要参与的活动，想象一下这次活动会为你带来的美好结局（赞美、祝贺……）。

» 提醒自己塞内卡① 的思想，并告诉自己有些事情你无能为力。

» 去土耳其浴室，洗桑拿，泡热水澡：热量会释放内啡肽，可让人愉悦和自信。

» 预先排练，如果可能，重复你的演说过程，并仔细准备技术细节。

» 预先准备替代方案（“如果我没有驾照，我就买一辆小型摩托车”“如果我没有应聘上工作，我就去度假”）。

» 避开来自他人的焦虑。

---

① 卢修斯·阿奈乌斯·塞内卡，大约生活于公元前 4 年至公元 65 年。古罗马帝国哲学家。他受斯多葛哲学的影响，精于修辞和哲学。他主张人们用内心的宁静来克服生活中的痛苦。

» 戒掉咖啡，尤其是浓咖啡、酒精和所有化学兴奋剂。

» 入睡之前喝一些热牛奶，它含有 L- 色氨酸，是一种治疗失眠的最佳成分：它可以重新激活幼儿期的安全感。

演说当天

» 吃巧克力：其中含有的硫胺素，是一种情绪调节剂，是可激发能量。效果不如 β – 受体阻滞药，但总比没有好。

» 重复告诉自己，一切都会顺利的（库埃[①] 方法）。

» 考虑所有可能出错的地方：这也会起作用的！

» 释放神经丛，深呼吸。

» 闭上眼睛，放松一会儿。

» 张开嘴减压，找到你的内部平衡。

» 坐下来避免腿软的感觉，恢复肌肉张力。

» 坐下，向前倾斜身体，将头放在膝盖间，可缓解头晕。

» 打哈欠或打喷嚏以清清嗓子。

» 用力掐一下自己，以转移注意力。

① 埃米尔·库埃，法国心理学家，创造性地提出和运用了“心理暗示与自我暗示”“安慰剂效应”。

第Ⅶ章

好好利用电话，你就可以摘得月亮

电话可以成为一个完美的征服他人的工具，但是很可惜，所有的研究都得出了一个相似的结论：人们买电话主要是为了接听电话，而不是拨打电话。手机更是如此。简而言之，人们（错误地）认为，自己必须一天24小时都能被联系上，这样，我们多多少少成了电话的奴隶。

反过来，主动打电话，而不是等着别人打给你，这样你连天上的月亮都能摘下来！

当然这肯定不能一蹴而就，但是比你通常情况下更容易成功。

怎么做呢？我们这一章节就会介绍。虽未能囊括全部技巧，但核心技巧足以帮你占据优势地位。

你知道如何打电话吗？

打电话的目的是帮大家节约时间，但实际上，它反而蚕食了我们大量的时间，以至于我们成为它的奴隶。你知道如何打电话吗？如果符合以下情况，请勾选出来：

» 每天早上列一张你必须拨打的电话列表。

» 你“留出”专门的时间挨个拨打必要的电话。

» 大多数时间，别人很容易联系上你。

» 在办公室，每天你接听到的私人电话少于三次。

» 你更喜欢回电话，而不是在线等对方打过来。

» 你总是能非常快速地找到你需要的电话号码。

» 你非常信任你的亲人，可以让他们帮你们传达消息。

» 你对自己的内部分机号码熟记于心。

» 你总是会回复电话留言。

少于 7条“是的”，说明电话耗费了你大量的时间。之后的技巧可以帮你改变生活。

符合 7条及其以上：太棒了！你是沟通方面的专家。但你还是可以学习更多的技巧，以提升你的效率。

电话礼仪小提示

你在电话中的表达方式和你面对面表达同样重要。

因此，某些打电话的礼仪必不可少，尤其当你主动打给别人的时候：

» 除非涉及亲人或者紧急状况，千万不要在早上9点之前，晚上9点半之后或者吃饭时间给对方打电话。在这段时间，没有人真正有空。

» 千万不要让电话铃响超过18次，在挂断电话之后，不要立刻打回去。打电话给别人，其实会打扰他人、惊扰他人、打断他人。如果对方不接电话，不要再坚持了。

» 当我们接电话的时候，要说“你好，先生/女生”，接着直接问：“请问你是……”如果对方不是你要找的人，为你的失误道歉，并在挂断电话之前再次问候对方。

» 如果你拨打的电话无误，再次问好，介绍一下自己，并说明你需要找的是哪位。

» 你要联系的人正是接电话的人，首先询问是否打扰了对方，现在是否方便接听电话。

» 如果对方不在线，或者现在不方便跟你讲电话，询问是否可以给对方留言。

» 当你结束电话交流，再次感谢对方给你时间，然后再挂断电话。建议打电话的那人先挂断电话。

» 如果转入语音信箱，请留言（你的名字、你要找的人、你打电话的目的），留言需简短，这不是写小说，在挂电话之前，重复两次你的电话号码。

10 个助你成功打电话的技巧

用伊索的话说，电话是最好也是最坏的东西。用得不好，你浪费了时间，而且还徒劳无功；好好利用电话，它就是可以帮你获取成功的绝妙武器。如何提高电话交流的能力以及日常交流的能力？遵循某些原则，采取如下良好策略吧。

» 首先保证电话可用。自动拨号、语音信箱、呼叫标识符……阅读所用设备的说明。学会使用免提通话（调节声音、距离、方向等）。否则，请将电话放在左侧（如果你是右利手的话），以便你可以用另一只手写字（始终保证记事本和笔可用）。

» 不要再浪费你的时间。打电话的时候一定保证记事本或者便笺纸在手边，可以免去到处寻找它们的时间。当你使用座机的时候，关掉你的手机，避免同时接听“双重电话”。这十分不便，比如，接听重要电话的时候会分心、会打断对方等，弊大于利（你在线上时仍然能够联系到你）。

日常打电话的时候，利用等待对方接听的时间，提前想一想需要注意的地方（办事资料、耐心等）。

» 给需要拨打的电话分类。在一天之内，你需要给数个人打电话，不要分开打这些电话。在家里或者办公室，预先留出“电话”时间。对方占线时，等待至少五分钟再拨打。对方不在时，留言说明你打电话的原因，或者询问接电话的人什么时候能够找到你想联系的那个人。

» 注意打电话的时间。除非紧急情况，最好周二或者周四的时候打电话；星期一的时候，大家脾气都不太好，他们没有时间。星期三的时候，很多人都去照顾小孩子了[①]没有上班。同样的，星期五的时候大家的工作时间也减少了。最好是早上打电话，因为人们在9点到11点之间更加空闲。当你想直接联系某个重要人士的时候，晚上6点之后也可一试，因为那个时候，他的助理已经下班，不会过滤掉你的电话。

» 对重要电话做好准备。列出要谈论的话题、要解决的问题，准备好必要的资料，你可能需要提出的问题，等等。这样，你更有可能一次性解决所有的问题，而不必担心因为遗忘某件事情而重复拨打对方的电话。

---

① 法国初中和小学生每周星期三下午放假，用于素质教育活动。

» 尊重他人的时间。此刻，每个人都在跟时间赛跑，你浪费的时间越少，你成功的概率越高。因此，首先保证你要找的人有空，并且他方便接听电话。当对方真的没有时间或者机会跟你讲话的时候，与其听对方局促不安地闪烁其词，还不如寻找合适的时间。

» 直入主题。不要省掉起码的社交礼仪；“你好，不打扰你吧？”“你好吗？”但不要离题万里。自我介绍，并直入主题：“我给你打电话是为了……”并且尽量简短：接听电话的时候，我们的注意力永远不超过两分钟，超过这个时长，我们就想挂断电话了。

» 获取具体信息。一旦你把要说的话都说完了，听完了对方的回答，与之讨论，之后就到了下一步：“你希望我什么时候再给你打电话？”“您什么时候给我回电话呢？”“我们什么时候能再联系？”……

» 注重礼节，但不要太过。如果你表现得过于热情，对方可能就这个问题一直讨论，甚至会和你闲聊起来，因此，当你希望对方能够长话短说的时候，你就保持沉默。如他还在坚持怎么办？如果对方在跟你老生常谈，你的态度就要坚定一点（比如：“我能帮你什么吗？”），这样你就可以尽可能地缩短你们的谈话。

» 学会挂电话。有些人非常擅长聊天。如何礼貌地结束话题呢？突然说："很高兴跟您通话。"还不行？借口说你有电话打进来了。如果你自己就是一个过于健谈的人，那就站着打电话，（据说）这样你通话的时间就会减少。

控制你的声音

在面对面的谈话中，7%的信息是通过语言传递，约37%是通过声音传递，约56%则通过手势传递信息。

电话接听中，有80%的交流是通过声音完成的。

因此，有必要通过控制声音来更好地说服对方，尤其当我们需要"真正说谎"的时候（研究表明，我们更倾向于在电话中吹牛）。

怎样"变成"好的嗓音？

» 放慢语速。在电话里，我们看不到对方的手势、面部表情，因此大脑需要一点时间来抓住单词的意思。此外，缓慢的语速通常代表自信、认真，相反，语速过快体现出紧张和缺乏自信。

» 降低音调。低沉的嗓音让人安心，会激发自信。比如，警察只会录用声音低沉的谈判人员，以便安抚挟持人质的绑匪。反之，音调较高，比较尖锐，经常让人不舒服，甚至会冒犯他人。我们的嗓音的高低大多取决于我们的形态，但还是有一些方法可以改善。

» 用坚定和热切的态度表达自己。温和的声音让人安全，但是它同时也让人觉得缺少活力和自信，甚至让人觉得伤感。冷冰冰的声音可能透出坚定，但是又缺乏热情和魅力，它不能让人产生好感，不能传达善意。

» 表达清晰。由于不是面对面，所以单词发音必须清晰，便于传达和理解信息。训练自己的口才非常有益，并且也挺有趣的。

» 录下自己的声音并听一下，以改善发音。我们永远不会听到别人是怎么看待自己的嗓音的，有时候结果让人惊讶和不舒服。因为我们总是按照自己听到的声音，而不是按照第三人的视角来判断自己的声音。

一切都在15秒内完成！

通话的前15秒具有决定性的作用。电话那头的人从你一开始说话，就对你产生了印象。因此，以坚定、自信和专业的语气说话。不要拖长音调，别人会觉得你在开玩笑，没必要让对方重复你的话，这很烦人。尽可能避免犹豫（“呃，呃……”）和语言习惯（“我的意思是……也就是……”）。而且，最重要的是微笑！想象一下，在电话中听起来很棒。

穿越障碍

当我们想摘取月亮的时候，通常都会遇到助手的阻碍（秘书、接线员等）。他或者她，就是专门筛选电话和调度电话，以便节约老板的时间，保护他免受骚扰。

» 所以，千万不要给自己树敌。不要把接线员当成一个傻子，惹他不快。比如，明明是业务电话却声称自己有“私事”，他很快就会识破你的谎言，让你没办法联系到你要找的人，也不要表现过激。相反，你需要表现得更有礼貌，直接表明自己的身份、你打电话的来意，有可能的话，说出推荐你的人员名字，这样你就会事半功倍。

» 如果对方没办法转接你要找的那个人，不要表露出你的失望（甚至连音量都不要改变）。请对方转告你的来电，并请他建议你合适的时间再行联系，或者告诉他你下次来电的具体时间。

争取会见

理论上来说，你在这个阶段就已经联系上了你要找的对象。站在他的角度看，他非常繁忙，如果他同意给你两分钟的时间，那是看在推荐人的面子上，或者他认为你将要对他说的话可能会引起他的兴趣。

» 因此，避免一开始就直接提出自己的请求，而要让他安心。不，你没什么需求，你也不售卖什么产品，你也不是要找工作，当你对他有所求的时候，第一件要学会的事情就是委婉地提出来。

举个例子，请求在他方便的时候占用他 20分钟的时间，15天或者 20天后都行，向他咨询一件他熟悉的事情，或者希望他给你的职业计划提供建议。但是要简短，也要精准，不要讲述你的生活，最好用三句话表述清楚。

» 接着，认真聆听。他的语音语调、他的答案、他的意见都能让你了解到他的很多意图。

» 但是不要忘了你自己的原定目标：争取会见。因此，明确地提出问题："我们能约下次见面吗？"或者"我们什么时候能见一面呢？"

他说"好的"，太棒了！即使对方委婉地拒绝了你，也没什么大不了的，世界还很宽广，还有成千上万的月亮呢。

第Ⅷ章

工作中无往不利、如鱼得水的艺术

工作的世界中表面一片祥和，实则暗流涌动。竞争、权力争斗、各种各样的骚扰……通常情况下，风雨欲来，有时候雷声大雨点小，但有时候却剑拔弩张。大自然有它的原则：强大的人生存了下来，灵活地适应其中，精明的人如鱼得水。

在职场中，只要适应了原则，你就可以拥有超出你职权范围以外的能力。

在前几章中学习的所有技巧显然都是有效的，但是，如果你想要在工作中占据主导地位，或者仅仅为了安心平和地工作，那就需要掌握更多的技巧。

既然得到了一份工作，那就好好保住它。

我的简历，注了水分！

根据研究调查，75%以上的简历都会弄虚作假！我们会对年龄、能力、语言水平（但是这很荒谬）、收入、家庭状况，甚至爱好撒谎。此外，随着“jobboards”（互联网招聘板块）的出现，61%的求职者承认，在简历上作假更为容易。没见面，就拿你没办法。再不然，我们也可以说是点击错误。

如何美化简历，但不能漏出太多破绽？以下是五种必不可少的技巧，可优化你的应聘材料。

马赛式作假①

原则：Catch Me if You Can（猫鼠游戏）

» 保持真实性，因为招聘人员可不是傻子：他们非常清楚是否你在作弊，如果太过分的话，他们会毫不犹豫地打个电话以核实你的信息。换句话说，不要捏造所有材料，一个名牌大学学历（尽管你是在网上买的）、一段不同寻常的职业经历（25 岁的时候，除非你是沙丁鱼渔船上的少年见习水手，否则不应该拥有 10 年的工作经历），或者拥有一个比慢跑更加性感的爱好（你几乎没有机会在周末的

① 1993 年 5 月 20 日，马赛队以 1 ：0 战胜瓦朗西安队，取得了法国联赛冠军。但不久有球员举报，马赛队事前贿赂了瓦朗西安队球员。

时候去打场马球）……

（想变成牛的）青蛙式作假[①]

原则："越夸大，越美丽！"

» 这属于过分吹嘘自己的学历，或者夸大了之前工作中所承担的任务和责任。

我们差点拿不到的文凭，在一所精英大学里仅仅度过一天，或者花了一个周末去参加一场简单的研讨会，就自称校友，我们夸大了自己的职位。在你口中实习变成了有限期合同，经理助理的秘书、经理助理变成了副总经理、产品营销经理……

受到百般照顾式作假

原则："因为我值得！"

» 这属于夸大之前的职位的优势：我们加入少量股票期权，编造了特定的风险溢价，夸大了自己的固定工资，夸大了"fringe benefit"（额外福利）等，以获得办公用汽车、让雇主支付互助保险、办健身卡、休一年的假期、休第六

① 法国儿童故事，讲述一只青蛙看见牛，觉得自己太小了，想变得和牛一样高大。

周带薪假期[1]、订阅昂贵的杂志……

满口谎言式作假

原则："你很幸运找到了我，我总是full time（全职）！"

» 捏造各种各样的实习和工作经验，来填补职业生涯的空窗期。两个工作之间的过渡期变成了花一年用来学习一门语言的充电期，六个月的失业期被你假装成创立了新公司、去巴哈马群岛冲浪、去获得环境工程硕士学位……

美化式作假

原则："这是我自己的选择！"

» 理顺自己简历中不光彩的地方，以掩盖职业生涯的不顺畅：失败、被解雇……并解释离职原因，说"我轮岗了"代指"我的老板之所以解雇我，是因为他再也不能忍受我了""没有按之前约定好的给我升职"，而不是说"我惨败了，我在这个公司的工作难以继续……"。

---

① 法国在1982年确定了每年五周的带薪假期，近些年来，员工开始讨论第六周带薪假。

简历造假，有什么风险？

实际上，即使招聘人员偶尔核实你的信息，这也不算什么大事，尤其是在社交网络上（脸书、领英……）上搜索你的姓名。最糟糕的是当场戳破，比如，你声称自己可以流利地说德语，而招聘人员就用德语向你提问时。实际上，如果求职者为了获得职位，美化了自己的学习经历和职业生涯，老板也不能以此为借口把你赶出门外，或者取消就业合同。他应该去了解应聘人员的职业经历。如果你不去了解，就只能怪自己了！

“为什么是我，而不是他（或她）？”：面试取得成功

你最终获得面试机会了吗？面试官等着你呢！面试不能即兴表演。我们需要准备，它涉及仪容仪表（人们会对你产生什么印象？）及言谈举止（我们需要说一些什么）。

在仪容仪表方面，一般需符合大众传统观念。近期大量的研究表明，公司越来越倾向于规定着装标准，过于高调的衣着或者发型不被看好。或者制订了行为规范，比如，

抽烟上瘾的人不太容易被接受。

在言谈举止方面，显然，最好是精神状态佳，让人感觉舒服，又不会太给人压力，同时既放松又专心。千万别忘了你的肢体、你的脸也在给你加分，或者减分。一个好的招聘者在你进门那一刻，就观察你的举止并得出结论。因此，注意举止：后背挺直和少点手势，在面试官视野之内的时候都不要放松。

如何好好回答？

一旦解决了仪容仪表的问题，剩下的就是你将要说的内容。通常，面试还是比较轻松的，除非你遇到很严格的面试官。面试内容主要涉及你的能力、工作经验和工作动机。

» 如果面试官对你说：“自我介绍一下吧！”不要讲述你的私人生活。告诉他们你的职业生涯中能够符合该职位需求的性格特点。仔细讲述并扩展简历中的某些方面，以及你的个人远期目标。

» 适度地表现出自己的雄心壮志。当然了，你也想慢慢提升自己，你要有耐心。

» 避免简单地回答“是”或者“不是”，应给出解释。

» 不要说出自己的需求，这是次要的，要告诉招聘单位你能为公司带来什么。

» 最后，一定要避免讥讽、故意说一些没什么用的笑话，这不合时宜。

如何避免惨败

没有经验、准备不足、紧张……某些态度也可能毁掉一个求职者。最常见的错误如下：

» 垄断对话。通过倾听，你会获得更多的分数，而不要千方百计地以“我……”之类的话题来推销自己。

» 标榜自己毫无缺陷。如果你表现得过于自信，人们就不得不质疑你的能力，质疑你是否能融入一个团队。因此，你越是对自己的能力有信心，就越是要谦虚：不要吝惜说“我还有很多需要学习的地方”。

» 诋毁其他求职者。面试官会觉得，你在新工作中也会如此诋毁你的同事，这可能会将你淘汰。

» 高估以往的成就。你可以强调你曾经做出的贡献，但是不要把一切都归功于自己。物归其主：成功很多时候都是团队共同努力的结果。

» 提过多的问题。当然应该提问，这可以显示你对该职位的兴趣、你的动机、你中肯的想法。一个好的问题甚至可能会让你脱颖而出，但不要颠倒角色：你是等待挑选的求职人员，而不是招聘人员。

» 提愚蠢的问题。“你的公司属于哪个行业？”“首席执行官叫什么名字？”“你们公司员工多吗？”在没有提前了解这些信息之前，不要参加面试。至少了解：公司经营项目、经理姓名、员工人数、旗舰产品、市场地位……

» 面试时问工资。求职面试的目的是确定你的技能水平和空缺职位是否匹配。因此，最后才会谈薪金问题，而且这是由面试官问的，而不是你。

» 过早地提出问题。“我每个月可以休几天假？”“你们公司提供餐票吗？”“加班有工资吗？”“公司委员会好吗？”等等。在你获得这份工作机会之前，不要问这些问题。前期提问的话，别人会认为你是一个完全不在乎工作的人。

警惕问题陷阱

这些问题并没有什么怪异之处，它们通常很普通，但如果你没有为此做好准备，那就糟糕了。

以下是招聘人员最喜欢的五个陷阱问题：

“先介绍下自己吧……”

它通常出现在面试开始时。几乎所有人都会上当。你会花很长时间全面地讲述你会做的一切：完全搞错了！最好做出简短的回答，比如：“我的简历上写得很清楚。”或者反问一句，让面试官起头，比如：“你对我的哪方面最感兴趣呢？”

“你的优势和缺点是什么？”

大部分求职者在说缺点的时候，都不能好好回答这一问题：“我有点太完美主义了”或者“太固执了”……或者，他们就像叠汉堡一样回答问题：一个优点、一个缺点、一个优点……最后再说一个优点，让汉堡更可食用。面试官每天要听三千次这样的话，他们累了。

» 要想让人耳目一新，你应该列举一个真正的缺点，当然是你尽力在改正的一个缺点，但是，这个缺点对于你要申请的职位并没有太大的影响。例如，你并不擅长社交，但是，好吧，你应聘的职位是个程序员，而不是销售员。

“你为什么离开了以前的职位？”

毫无新意的答案会让你吃亏的：“我的工作太出色了”“我的老板是个白痴”“我很无聊”……你看起来像一个自大的人，不可靠。

» 最好说你想要追求新的东西，想要面临新的挑战，这样可以更好地推销自己。

“我们可以从100中减去10几次？”

一个好的招聘者总是会问你一个令你困惑的问题。如果一个问题没有意义，那就别找答案了，就真诚地回答，并解释为什么（不要只是说“是”或“否”）。或者，他会问你一个小问题，来测试你的思考方式。如果回答得好那就加分了，在这种情况下可以这么回答：“一次，之后就是从 90里减去 10了。”但如果你回答不出来，他也不会将你淘汰。

“你有问题吗？”

这个问题陷阱通常出现在面试结束的时候。你回答“没有”，或者你再次谈到自己、你的能力、你的动机，那你再次完全搞错了。

» 良好策略：提一个有水平的问题（提前准备），它可以表明你真的对该职位很感兴趣。比如："经理的期望是什么？""你认为这份工作主要的困难是什么？"或者"你们的企业文化是什么？"……

尽享工作乐趣

没有人能够逃脱各种危机、加剧的竞争、不断进行的结构重组，更广泛而言，道德观念的恶化、愈加复杂的劳资关系。

如何躲过办公室里同事们的明枪暗箭，无须与对方大动干戈就能满足所需呢？

以下 18个小技巧可掩饰让人不快的真相，遮掩不可告人的目标，不顾一切地制定正确的路线：

» 明确你的论点，以显示其客观性："这是真的……""确实可以说……""我们可以看到……""如你所见"……

» 使用被动句来减轻责任："我们的资料介绍得很糟糕"，而不是"我们没有介绍好这些资料。"

» 参考之前被提及的话语，以播下怀疑的种子："就像你自己说的……""如你所建议的那样……""曾经有人说过……"（什么时候的事？）

» 援引现成的句子，以混淆视听，迷惑对方："我们可以通过这个角度来思考一下……""未来会告诉我们答案""日子可不好过"……

» 多用老生常谈，以保持含糊不清："至善者，善之敌""不可以貌取人""鱼和熊掌不可兼得"……

» 使用给人强烈印象的语言："这可是一桩类似'9·11'的外交事件！""情感化的色情文章"……

» 使用同义叠用，这会给人一种可信服的力量，即使事实并非如此："未来的计划""需要抓住的机会""潜在的危险"……

» 使用一些很少使用或浮夸的词语，它给人一种你很专业的感觉："expressis verbis"[①]"范式""颠覆性的想法"……

» 如果你不了解这些专业术语，那就自己创造吧（不规范的词语）："勇气""暴躁""解决方案""影响""复

① 拉丁文，表示明文，用确切的词句。

杂化”[①]……

» 使用神奇的公式，让新入门的人感到眼花缭乱，切断了任何真正讨论的机会：“调动效能潜力”“具有优化的重大可能性”“具有灵活性和保障性”……

» 在不多的法语中混杂许多英文，这样显得你很“in”（时髦）：“Tea Party（倾茶事件）[②]”“这是媒体常用的一个 buzz word（时髦语），特别是在法国，在今天这个 mid term 的选举（中期选举）上……”“另一方面，莎拉·佩林[③] 也不是一个 Tea Party 的 Mama grizzly[④]”。

---

① 以上单词分别为bravitude、rilance、solutionner、impacter、décomplexifier，皆不是标准法语，均为作者创造。

② 1773 年 12 月 16 日发生的波士顿倾茶事件（Boston Tea Party）是一场由波士顿“自由之子”（Sons of Liberty）所领导的政治示威事件。示威者们乔装成印第安人的模样潜入商船，将东印度公司运来的一整船茶叶倾入波士顿湾，以此反抗英国国会于 1773 年颁布的《茶税法》。

③ 萨拉·路易丝·希思·佩林（Sarah Heath Palin，1964 —），美国记者、政治人物，美国共和党籍，生于爱达荷州桑德波因特，曾任阿拉斯加州州长。

④ Mama grizzly，是美国前副总统候选人萨拉·佩林（Sarah Palin）创造的一个词，指的是她自己，此词被应用于她在 2010 年美国中期选举中支持或认可的女性候选人。

» 多使用矛盾词（将两个矛盾意义的词结合在一起）：“负增长”“悄然中断”“连续性的变化”……

» 为了达到自己的目标，（假意）表现出自己的随和大度。最开始总是回答“好的”，即使是那些最荒谬的想法或提议。但是暗中破坏，并证明在你提出神奇解决方案之前，其他的都行不通。

» 当你不得不宣布一个坏消息时，让别人说出事实，并积极地看待问题：“在目前的情况下，我们没有赢得这项预算也许是一件好事。谁知道我们是否会得到报酬？”

» 承认错误，为自己辩护：“当然，你可能会责备我……”“确实，我非圣贤……”通过自己带头，你可以消除可能的异议。此外，以坦白的形式论述，总是会得到宽恕。

» 当你并非全然无辜的时候，如果你的谈话对象表示怀疑，并怀疑地看着你，双臂交叉，退后一步，立即推进他可能会怀疑的事情，以消除负面影响：“我不想强迫你……”“真相是，我撒谎了！”“好吧，我承认！”

» 与敌人握手。试试吧，握一下手，这十分有效。科隆大学心理学家托马斯·穆斯魏勒表示，即使是那些最强劲的敌人，与之握手也会激发他对你而言更为友善的性格。

» 不要过于顶嘴。佛罗里达大学的研究人员的一项研究表明，实际上，过于自负的人总是不受周围同事或者上级的待见。如果你标榜的自己的能力和实际能力相差甚远，更会不受待见。

第Ⅸ章

应对职场中的讨厌鬼

我们不能选择自己的家庭，也不能选择和谁一起工作。除非你在理想世界找到一份工作，否则你不可避免地每天都要面对一群多少让人痛苦的傻瓜，而且通常只多不少。

虚伪的、好斗的、游手好闲的、爱炫耀的、毒舌的、恶贯满盈的、阴谋诡计的、骚扰的、复仇的……简而言之，那些令我们头疼，并且拖垮我们职业生活的人，需要好几页才能列举完。面对他们，我们经常感到束手无策、无能为力。通常情况下，面对种种行为，我们自己也变得好斗或者只得忍耐他们。但是妥协和仇恨都不是真正的解决之道。这样做，我们大概能够（暂时地）避免冲突，或者（临时地）确定自己的优势地位。长远看来，这只是推迟了问题的解决。随着时间的流逝，你们之间的分歧非但不能解决，而且会越来越深。

如何有效地应对这些多多少少故意的职场操纵？跟教练学！

“恐怖分子”

他总是不满意，总是指责你所做的一切事情，他控诉（“我之前提醒过你，这是你的错”），他威胁（“别和我玩这种小把戏，否则别怪我给你找不痛快”），他莫名其妙地突然发作、他会寻找一些无足轻重的借口，当着所有人的面指责你。

应对他的良好策略

» 不要为自己辩护，因为你没有罪，不要和他起正面冲突，就算他不是你的老板，也不能这么做。保持冷静。如果你实在太过气愤，不能控制自己的情绪和反应，那就暂时不要理他。

» 明确地告诉对方他的态度对你产生了什么影响：你感觉受到了伤害，你对此很生气……以及如果他坚持这样，那会产生什么后果：“我希望最好不要求助第三方（你的老板），我也不希望我们的关系就此决裂。”

马屁精

当着你的面，他非常友善：“能和像你这样的姑娘一起工作真是太棒了！你为团队做出了很大的贡献！”他非常关心你：“他逼着你做……真是太不厚道了。”但是，背着你的时候，他歪曲、传播你跟他说的话，并且利用它们来和你作对。

应对他的良好策略

尽可能回避个人问题，向对方提供最少的个人信息，并保留自己的意见（你认为你的领导是个傻瓜），不要透露自己的抱负（你对马丁职位很感兴趣），他转头就立马跟马丁告密。

当你避无所避的时候，时常想一想对方或事情好的那一面，使用一些含混不清的表达方式：了解之后，觉得老板还是不错，马丁擅长应急处理……

自以为是的人

为了引起注意，他经常说一些废话，自问自答，自顾自地讲笑话。他从不曾认真倾听，经常打断别人的话，扯开话题……

应对他的良好策略

» 承认他的优点——他肯定有优点，需用心发现——在他自己展现出来之前。一个自以为是的人通常不自信，他需要不断地吹嘘自己，不断地贬低他人来肯定自我，来得到别人的喜爱。你只要奉承他，他就会拜倒在你脚下！

» 但是不要忘了，你们是一个团队，不要忽略其他人的积极作用。

自恋狂

如果任务完成了，他会把这一切都归功于自己，并且不知不觉地极力缩小或者贬低他人的贡献。如果任务失败，他绝对不承担自己的责任，通常把错误归咎于他人。

应对他的良好策略

» 设定明确的运行规则：每个人各司其职，一切才能更顺利地进行。每次他想抢占功劳或者想要怪罪别人的时候，提醒对方这些规则。

» 提出请求的时候，总是要用一种清晰而有限定性的表达方式，比如：“你负责一下这份资料，辛苦了”，而不是“如果你哪天有空的话，还烦请负责一下这份资料”。

» 千万不要让对方觉得他自己才是受害者，让他承担起自己的责任。

完美主义者

他认为只有自己才知道如何正确地完成任务，他想要控制一切，因此，他总站在你身后督促你，或对你指指点点。他这样“扫兴的人”只想着工作、生产力，他非常爱说教。

应对他的良好策略

» 鼓励他分清轻重缓急。由于他长期忍受压力，他无法区分紧急事项和重要事项。例如，可以给他分配好定额：花多少时间做什么。或者，如果他是你的老板，帮助他客观地看待问题：必须要做的事情，这些任务需好好完成，但不必一开始就做到完美，可以慢慢地、不断地完善。

混日子的人

他随时都在抱怨别人总是对他要求过多，他总是吹毛求疵，或者装傻充愣（“啊，我应该做这个吗？”），他做事拖拖拉拉，或者马马虎虎，以求尽量少做工作。他让人觉得他从来都没有时间：“你知道的，马尚中午就要我交一个备忘录，十万火急。”或者他没有办法帮你：“我的硬盘坏了，我要花一天的时间来重新找回那些资料。”

应对他的良好策略

» 运用一个简单，但是极其有效的技巧，也就是“重复法”。它在于不断地重复你的要求，并保持同样的语调，既不能太烦躁，也不能太气馁。比如：“我很清楚你很忙（超负荷，你的硬盘坏了……），也理解我已经请你帮了很多忙了，但我绝对需要……”当然，这确实让人心烦，但这是唯一的方法了。

卑鄙无耻之人

他经常在公共场合冒犯，甚至羞辱（种族主义、性别歧视……）他人的身材、外貌、能力或工作。每次有人犯了错误，他都会毫不掩饰自己的愉悦。他不断地把你逼到绝境，或者迫使你犯错，比如，给你提供错误的信息。

应对他的良好策略

» 绝不能听之任之：嘲笑、羞辱、侮辱、威胁、勒索、性骚扰……向他表明你不会是个受害者，也不是他的猎物。

» 快速反击，同时要表现出幽默感。

» 如果这还不够，提醒他诽谤、恶意中伤、骚扰等也是要受到法律惩治的。

偏执狂

他总是想象你觊觎他的职位、他的助理、他的停车位……当他的电脑出了毛病，他就怀疑是你给他的硬盘染上了病毒；如果你忘记给他备份一份备忘录或者邮件，他会觉得你在隐瞒信息，意图伤害他，想破坏他的晋升，阻挠他的事业。

应对他的良好策略

» 理解他的想法。当然，他有敌人，有人说他的坏话，有人抱怨他，有竞争对手就等着他犯错好取而代之。但是，他和所有人一样：大家都差不多。如果他有敌人，他就必然有朋友，仅仅是因为他的敌人也有敌人，只要他给出一点信任，敌人的敌人就可以成为朋友。

“蛮横无理”之人

小小的残暴的领导、专横的客户、有想法的“天才”……他们趾高气扬，多多少少有些看不起你。例如，只有当他需要你帮忙的时候，他才来找你，但他会忽视你的请求。而且，每次当你提出异议，或者指责他的态度的时候，他都大为光火。

应对他的良好策略

» 不要被他吓住了，不要卑躬屈膝，也不要狂热追捧他。相反，小心措辞，尤其当对方是你的顶头上司或者大客户的时候。不要进行人身攻击，而要坦率地面对，以建立真正的沟通。

» 承认对方的明星地位，比如："你肯定是行业内的专家……"，但是也再次强调你自己的专业性："但是，我对此也颇有见地……"

如何在同事之间确立主导地位？

知道如何挫败反对意见已经很不容易了，但要想真正在办公室如鱼得水，比如，让别人替你做事，当你需要帮忙的时候有人伸出援手，或者你简单地想要维持办公室和平，就需要采取其他策略，给人留下印象。以下 15种技巧可以让你不知不觉地掌握主导权：

» "你好""我不会打扰你吧""拜托你了""谢谢""再见"……遵循社交礼仪。

» 了解最新资讯（尤其星期一的时候，或者度假归来的时候）："这周末过得怎么样啊？""你的儿子会考通过了吗？""你的小狗便秘好些了吗？"

» 即使你在意自己的民主权利，也要严格遵循层级差异（不要一屁股坐在老板的办公桌上），以及尊重他人的领地（即使门开着，也不要不打招呼就进别人的办公室）。

» 友善地对待前辈（尤其是脾气执拗的人）：通常情况下，他们都是领导，即使他们不是领导，通常他们也有相当大的“环境影响力”。

» 谈论别人感兴趣的话题。同一个球迷聊世界杯（即使你觉得一群人跟着一个球跑实在很傻），如果你的女同事把她的女儿送去学古典舞蹈，那你就和她聊聊巴黎歌剧院舞蹈班的年轻学生（即使你认为这舞蹈很难看）。

» 让别人相信，是你跟他们想的一样，而不是他们跟你想的一样。

» 千万不要放过任何一个可以恭维同事的机会。

» 避免情绪波动，也不要忽视他人的情绪变化。

» 千万不要坚决地提出你的异议，这只能强化对方的立场。所有的研究都表明，我们都喜爱那些赞同自己观点的人。因此，违心地靠近对方的论点，达成共识。

» 绝对不要发号施令，也不要强加自己的观点于人。经常使用“我们”，以让人觉得这是大家共同的决定。

» 当别人请求帮忙的时候，永远不要说“不”，而要表示抱歉：你工作太忙了，要完成一个紧急的任务，马尚（给你安排任务的上级）还等着你。

» 远离争端。当你也牵涉其中的时候，偷偷溜走，与你无关的话，也不要站队。

» 相对地看问题（想法、批评、指责），而不是把它转换成私人问题，也不要立马发作。

» 面对攻击，不要立刻反击，保持距离，微笑以对，若无其事地换个话题或者赶紧撤："刚说的都是开玩笑的。我还有工作，失陪！"

» 不要吃老本。要不断进步，扩大自己的行业影响力。

第 X 章

颠覆与老板的力量关系

你每天早上都磨磨蹭蹭地去上班。每天晚上回到家的时候，感到备受打击、十分气馁或者愤怒，并不太明白怎会如此，或者太明白为何如此了。你感觉自己被困在了这个职位上，没有干劲儿，过于沮丧。当老板拒绝给你升职加薪，而你觉得自己完全有这个资格，这时你只想痛哭一场，甚至想打他一顿。毫无疑问，你在力量关系中处于下风：你什么都没有得到，或者得到的很少，很艰难，以至于你说起这些事情都想流泪。

怎么才能占优势地位，强调自己的需求、权利，让别人真正看到自己的努力呢？要达到这一点，你必须改掉过去防御性的、屈从性的反应，而要采用更坚定的态度和行为。这可不是一蹴而就的。根深蒂固的日常工作习惯具有非常旺盛的生命力。但是，如果运用以下策略，你很快就会发现自己不再受制于老板，他不再能强迫你做某事了。

唤醒沉睡于你内心的变色龙

根据每个人的性格特征和生活经历，我们经常采取各种行为模式。于是，我们变成“反叛者”“受害者”“救护者”或者“迫害者”等。

这些模式伴随着我们的人生。不知不觉，我们趋向于反复扮演自己喜欢的角色，尤其当境遇困苦的时候。显然，我们也因此失去了很多对他人的影响力，因为我们的“答案”都是一成不变的。相反，通过扮演变色龙，我们打破了他人施加于我们身上的想法，从而赢得对他人的影响力。

但是，要明确一点，这并不是要我们改变自己的角色，比如，从“受害者”变成“反叛者”，而只是根据具体情况改变我们的答案。为此，当我们扮演一个角色的时候，首先要识别它。这并不是很难。在反叛的角色里，你会觉得自己长期都在对抗老板。扮演受害者角色的时候，你花很多时间在办公室里抱怨。在救护者的角色里，你坚信你的老板非常需要你的保护（免受其他人的打击：你的同事、供应商、客户、政府部门……）。扮演迫害者角色，你企图（暗中）恐吓、威胁你的老板。

» 确定你通常在领导面前扮演的角色，你也就成功脱离了一半陷阱。接下来，你只需要“打破”老板对你的印象。

举个例子，如果大家都觉得你是个好说话的人，你就突然表现得毫不妥协，然后再做出老好人的样子。

变得不可理喻

由于有大量的员工和管理层，你并不会常常碰到你的老板。你可能跟他擦肩而过，也很偶然，算不得真正的相遇。他不关注你，或者不那么关注你，甚至毫不掩饰地忽略你，除非你的项目搞砸了，他要处分你的时候。

你的老板之所以忽略你，是因为他卑鄙、管理严苛、瞧不起你吗？这有可能。但是，更常见的是，他忽略你仅仅是因为你只是他日常生活的点缀。你如同他其他的合伙人、伙伴、他的车、她的老公、他的妻子、他的孩子……你就是他生活中的一块拼图。当他需要你的时候，他无须寻找：他知道你在哪儿。他不用花费什么精力就知道把你安放在什么位置。你变得可预见了，因为你有自己的习惯。

当然，你可以利用老板对你的漠视来摸鱼混日子。但你也希望老板最终能看到你的勤奋工作，觉得你值得拥有更好的待遇（赏识、尊敬、赞美），并且最终提拔你。

别做梦了！大部分老板眼睛都瞎了，通常他们故意看不到其员工或者合作伙伴的需求、问题和困难。

因此，改变一切吧，正如奥斯卡·王尔德所言："人总要有点不可理喻之处。"

» 早早上班，或者晚点下班。

» 不要老是待在办公室里，要经常到走廊区域，蹲在人事部门、生产部、计财处（找借口）。

» 经常出人意料地消失在办公室，去外面找客户。

» 不要总是把所有的RTT[①]放在星期五或星期一的时候休掉。简而言之，当他需要你时，尽量不去上班，或者少去上班。关键是让老板不那么容易地就找到你，这样他不得不思考（或者询问他人）你在哪儿。自然而然地，他就更经常地想起你。

明确模棱两可的信息

面对老板，我们通常会在很多事情上保持含糊。通过

---

① RTT，Réduction de Temps de Travail，减少工作时间，法国每周标准工作时间为35小时，但因工种不同，某些员工每周工作时长超过标准，因此折算成RTT假期。

这样的方式，一旦有什么问题，我们就可以装傻充愣，把自己摘干净——“对不起，我之前理解的是，你想介绍的文件是Y，我什么也没有准备……”从你的老板的角度看，这也行得通。当他做出承诺的时候，保持含糊经常也能保证他适时脱身：“我是承诺过，如果你超过目标就给你发奖金，但是，你知道，此时对每个人来说都是市场飞速发展的时机，所以……”

最开始的时候，就明确那些（你的或者他人的）模糊的信息，你可以增强个人的信用，不仅如此，长此看来，你总是受益良多。这可能会让你避免随之而来的扫兴和所有的沮丧。要使自己的信息表达清晰化，方法很简单。

» 直截了当：心里想什么就说什么，保持冷静、谦逊有礼，即使这也许让人扫兴。

» 要弄清楚老板的信息，就有点复杂了。

» 首先，你要选择恰当的时机。如果你不确定询问能坚持到最后，就没必要“开门见山”。如果你们两人之中，有人很忙或者很有可能被打断，那就暂时不要问了。

» 不要忘了，你的老板跟大部分人一样，并不知道自己说的话其实模棱两可。所以，注意询问的分寸。不要指责他两面三刀。

» 经常运用“我”来表达你的印象、你的感受。比如，

“我知道在这个项目上，你很信任依赖我，但是我已经不再参与会议，因此我也不了解具体情况。还是你希望我加入这个团队吗？”

» 另外一个方法：给老板提供两个信息选项，迫使他选择其中的一个，或者两个都选：“我明白您希望我优先把精力放在Z项目上，但是我感到有些困惑，因为您似乎并不这么认为。我想我们需要再谈谈。”

直截了当

换句话说，不要为了获取所需跟老板斗智斗勇。工资、经费、福利、升职……你有所求，这很正常。你不是志愿者，你也不只是因为爱才来工作。

但是如果你无欲无求，老板不仅不会给你任何好处，而且他还会看不起你，极少数老板除外。

你希望得到老板的赏识，而老板希望你好好工作，这都很正常。但是，不可避免地，他越是欣赏你，你们的关系就越发微妙。

第一种情况，你提出了一些老板没办法答应的请求。他会认为如果不满足你的要求，你就会怪罪于他，比如他不同意你周三带薪休假；或者你业绩突出，想要放一个月假去享受巴哈马群岛的海滩，而老板不同意；或者他不一次性涨你应得的20%的工资。

还有另外一种情况，你觉得自己的请求合情合理，但老板却觉得完全不现实。

» 因此，明确地表达自己的需求。坦率地提出问题，清晰地告诉老板你希望得到什么，这样，你就可以消除他的负面情绪，大家和谐相处，你获得成功的概率就会翻倍。

用“我”来表达自己

作为下属，人们自然而然使用“您”或者“你”来沟通。我们说，“您的时间观念真的过于严苛了”或者“您承诺给我涨工资的，您给忘了”，又或者“你经常动不动就对我发火，你能不能稍微体谅下他人，这会好得多”。但是一个领导者本质上是敏感易怒的，尤其当他对自己的权威不太确定的时候。

» 要想改善你和领导的关系，要想获取更多，或者表达什么的时候，尤其当此话可能并不中听的时候，最快的方法就是使用“我”，而非“您”或者“你”。

举个例子，这么说的话事情会进展得更顺利、更有效，“我总是很难准时到达”或者“我想是时候重新讨论一下我加薪的事情了”，或者“我知道冒犯了你，但我很希望咱们能够好好相处”。通过这种方式，你的老板才不会觉得你挑战了他的权威。

使用“我”也可以让你相信自己和老板拥有共同语言。比如：“我想，你现在不想谈我的升职，对吗？”或者“我听说这个新项目由我负责？”

» 但是仍需谨慎。某些“我”具有欺骗性。它们暗藏着“您”或者“你”，并且总是导致对方防御性的反应。比如，如果你对老板说“我觉得你对我隐瞒了 X 项目的信息”，老板肯定会责怪你不够信任他。要想真正确认这件事，你应该这么说：“我感觉有点不太对劲，因为我不清楚你对 X 项目的意图何在。”

宽厚待人

你的老板绝非完人，有时候甚至是一个真正的讨厌鬼，所以他经常也会犯错。大部分时间，你就想算了吧，让它过去吧，这没什么结果。但有时候，沉默不语对你意味着巨大损失，尤其当你冲在前面的时候，你的老板却毫不犹豫地推卸责任，让你承担他的过失。

因此，你不得不提出异议，甚至批评他。忠言总是逆耳，尤其当这些批评意见十分中肯的时候。此外，如果你提出的方式不对，反而会得不偿失。你的老板非但不会尽力纠正自己的错误，反而会闹情绪，变得更加固执。

每次当你这么说的时候，情况就如上文所言："和你一起工作，结果总是如此。""你从来都没有考虑到……"不要这么说了。如果这些指责没有意义或者没什么价值，你可能还会被倒打一耙。

如果他做了一个错误的选择，他行为欠妥，请保持积极的态度。

» 首先排除"总是"以及"从来"这样的字眼，使用可以保全对方面子的表达方式："你已经尽力了，我肯定下次一切会好些的。""我知道这并不是你的错……"

» 同样，尽量避免当着其他人的面提出你的反对意见，即使你的老板明显出错了。你可以仅仅提出"你确定……"，你完全可以稍后再表达你的保留意见，或者私下里再反对他的决定。

不再主动询问他！

你的老板听着你讲话，但通常他并没有真正听进去。每天你都向他提出了大量的问题：谁负责的，和谁一起负责的，和总经理、客户、供货商、银行等进展如何。你还会问他对于这个那个事情的看法：安特尔的态度、新的规章制度、一次结构重组……

同样的，你也会问他指导意见，向他寻求帮助、建议等。他也习惯于为你提供最少的帮助，给你的项目、想法、决定提供少许好处，他习惯对所有事情发表意见，或者完全漠不关心。因此，你对他而言，并不是真实的存在，他应付你就跟应付其他人一样，用他那套半自动的方式回应。

» 突然不再依赖他了，不再向他提问题，也不再对他提要求了，他好像一脚踏在半空中。就好像我们住在一个火车站旁一样。固定时刻路过的火车轰鸣而过，我们仍然习惯于在噪声的晃动中入睡。但是，如果铁路工人罢工的话，我们却很难入睡了。突然暂停所有的问题和要求，效果也是一样的。你的沉默毫无疑问会惊醒你的老板，他不自觉地也会变得更容易接受你的请求。无论他是否能及时意识到你的变化，归根结底，他更需要你，而不是你更需要他。

停止你的意见

当你向老板讲述你工作中的问题的时候，你的老板习惯于听不见你的诉求：网络信息出故障了，勒皮卡尔请了病假（很长的病假）或者米勒休了孕假，这影响了公司的生产，马丁总是把回形针忘记在复印机里……对他而言，这些都是噪声，都是不重要的废话。他丝毫不关心，但同时，他其实特别需要注意你提出的这些问题。在老板看来，这都是熟悉的轰隆声，他潜意识里认为这很正常。

这好像在说："目前为止，一切顺利。我无须担心。"

» 如果你停止提这些意见，他会觉得很困惑。下意识地，他开始担心起来。

» 当他发现你每天都在不停地打电话，办公室的门也关着——关上门！效果会更明显。只要他有点偏执——哪个老板不是呢？他就会认为你正在四处打探消息，想要去竞争对手的公司上班。

总之，他会反复思量，感觉到你正在逃避他，因此，他就想尽力挽回你。除非，他真的很想以最小的代价摆脱你……

第Ⅺ章

获得老板的支持

我们每个人都自认为是理性的人、冷静的人，但是“如果说理性造就了人，那么情感则是指引人的”（让-雅克·卢梭）。说到底，我们更愿意接受基于情感的前进或者让步，而不愿基于需求的强迫或限制。我们更容易屈服于一个人的魅力，而不是他的论点。不管怎样，我们明显更加偏爱有魅力的人。

换句话说，通过拨动你的领导的敏感之弦，你总能收获更多。要做到这一点并不难，而且这一招对你大有裨益。你不仅仅能够从源头上消除他对你的负面情绪，而且工作还能事半功倍，获得更为理想的工作氛围。

在领导面前努力表现

跟所有人一样，你的老板也需要被爱。这一点对所有的老板都适用，即使他们是冷冰冰的行业权威，即使他们阴险狠毒，或者即使他们似乎早就失去了灵魂。

» 从这个原则出发，首先要做的就是对老板表示友善——或者至少看上去友善——即使是，或者特别是你有足够的理由讨厌他的时候。

当然了，当我们在领导面前卖力工作的时候，总有点讨好的嫌疑。我们通常做他虚伪的奉承者，但这是出于正当的理由：与领导的日常关系变得舒服多了。并且，我们通过润滑关系，获得了更多也更持续的发展，而不必一直勾心斗角。

在这种情况下，不要在领导面前过于表现自己以成为众矢之的："这个人，真是个马屁精！"更糟糕的在于，你在老板那里也弄巧成拙：他不会因为你的热情而赏识你，而你失去了他的尊重和信任。

» 因此，当然要努力表现，但是也要谨慎。没有人要求你对他卑躬屈膝，或者因为你的老板戴了条橙色的领带，就要求你也戴一条一样的。这只是要你表现得可亲可爱，"积极"工作以获得尊重。必要的时候，哪怕你变得与众不同（说"不行""不同意"……），也要明确表明你不是谄媚奉承的人。

赞美他

与老板的关系类似夫妻关系：你每天可能成百上千次地因他的态度和行为方式而生气恼怒。你愤恨地盯着他、挖苦他、抱怨他。你这么做有一定的道理，但并非全然有理。

首先，你忘记了，多亏老板你才能够在每个月底收到支票。每次当他表现出好老板的时候，你也忽略了。这很正常。因为你认为这都是自然而然的。我们不知不觉就把关注的焦点放到了老板的缺点上，而忽视了他好的方面。

其次，你忽略了一个事实，你的老板和所有老板一样，多多少少有点自恋，所以他或多或少都喜欢听奉承话。

因此，别犹豫了，赞美他好的那一面吧，表明你欣赏他的为人，欣赏他的行事作风。每天都要找到他身上优秀的那一面，并告诉他。牢记他最令你敬佩的一个优点，并告诉他（但也不要太过，否则你就变成了马屁精）。你也可以试一试比较隐晦的赞美，比如，向他的亲人和朋友赞美他的优点。毫无疑问，这些赞美的话最后都会传到他的耳中。

吹捧他

你的老板从小就习惯跟别人比较。小的时候，他跟别人比谁可以尿得更远，或者比较哪个女生可以和男生关系更好、谁的数学成绩更好。之后，这种竞争通过其他的形式延续下来：最好的工作，最高的薪水，最大的利益、权利、威望……

有时候，比较并不让人愉快，但是你的老板和你一样，有一套可靠的防御系统。他的自尊心几乎本能地阻止他和太过强大、太过高大、太过成功的人相比较。他“看不到”那些比自己优秀的人。

如果你时不时地在他眼皮底子下说起安特尔如何如何成功——并非故意，想要激励他或者纯粹出于恶意——后者显然比他成功一千倍，你这么做打击了他的自尊心，必然导致他对你的怨恨。尤其安特尔还是他的同届的老同学，或者是他一直以来的竞争对手。

» 因此，可以把他和别人比较，但是要选择没有他优秀的人。

» 每天为了讨好他的自尊心要想尽办法。吹捧他的学业（出类拔萃）、他的能力（卓尔不群）、他的名誉（可亲可爱）、他的成绩（成就非凡）……

害怕吹捧过度？你错了。人们爱听奉承话，即使知道这只是一番恭维，我们还是如饮甘露！

鼓励他

你的老板把自己关在办公室里，不理睬你，即便你犯下一个很大的错误，他也不再训斥你了——糟糕的信号。他丢掉了自己的尊严（女老板也一样）。这个自尊支撑他管理一家公司，如果缺少了自尊，那么他的部门、市场也将接连溃败。

仔细留意一下，这很好理解。一方面，他长期处于压力之下，不得不面对各种竞争对手。他害怕失败，甚至害怕失业：如果他只是一介臣民，他总有一天会挺过去的，跟所有人一样。另一方面，他内心必须面对各式各样的限制：到期应付款、各种诉求……如果事情进展顺利，他最终可能会走出困境（从中获利），但也可能泥足深陷（压力更大）。一旦局面紧张，增长减缓，他就完全失去了信心（就像你一样）。并且，由于在黑暗中前进，他越来越怀疑自己。

如果你什么也没有做，那么很快，他已经不再是你的领导，而是一个毫无主见的躯壳。因为，一旦怀疑的种子生根，你的老板就一点点失去了自信，他甚至都没有意识到自己变得越加无能为力。有时候会导致恶性循环：失败一点，就越怀疑自己一分，就更容易出错，他就多怀疑自己一点，也就越发容易出错……

其结果就是，他变得越来越可恶

» 相反，鼓励他，给他自信，重建他的“领导力”，即使老板并没有流露出他的感激之情，但至少他的行为变得合乎礼仪，这会让你长期受益。

当然，你不能阻止其代理人或税务检查员给老板带来的悲惨困境。如果他的部门或“小公司”成为对方公开收购的目标，你对此也无能为力。但是你可以从你的角度轻轻地助他“东山再起”。怎么做呢?

» 经常性地鼓励他，满足他的自尊心。

告诉他，他是一个好人

一个老板，尤其当他是一个标准的直男的时候，他在人际关系中很少如鱼得水，他通常会显得十分笨拙。如果他并非人情练达，情况就更糟糕了，他更类似于一个肆无忌惮的剥削者，而非一个君子。他也可能无意中伤害到你，让你很失望，但他自己并没有意识到。当这种事情发生的时候，不要赌气，也不要板着脸，不要指责他。他已经做错了，如果他再觉得愧疚，这只会恶化你们的关系。

反之，当我们说某个人很好的时候，接下来，他就很难对我们恶言相加。

» 最开始的时候就承认他是出于好意（他肯定并非恶意，否则，他老早就踢你出局了，或者把你辞退了）："我知道你不是故意的，但是……""我知道你也是没办法，但是……"你肯定了他善良美好的一面。

接下来，你就更容易向他表达他的行为或决定的负面影响了。

» 千万不要假设他具有自发的理解能力。你的老板与你既没有相同的约束，也没有相同的利益。通常，对你影响很大的事情于他而言完全无关紧要，反之亦然。

» 因此，如果出现分歧，向他解释为什么他的态度或选择让你失望或者伤害了你。并询问他为什么事情会发展成现在这样，有没有可以补救的办法。

鼓励他对你推心置腹

通常一个老板的左脑比较发达，他想的是如何画出销售曲线、如何获取利益。相反，当他作为一个男人的时候，他并不擅长谈论除市场波动或者社会保障缴款的比重增加之外的事情。

我的老板哭了，我该怎么办？

老板的情绪变化总是比常人更加让人震惊，我们对此非常不安，有时候甚至把事情弄得很糟糕。行不通的方法："别再哭了……别发火了……别这么小题大做……"一个哭泣的老板意味着他已经走投无路了，他需要的正是哭泣。当我们试图劝阻他做某件事情的时候，想要帮他避免陷入绝境的时候，通常只会适得其反：这不能帮他纾解苦恼。相反，真正行之有效的方法是：给他一个拥抱（如果你们关系亲密），让他哭吧，告诉他你一直陪在他身边，他并不孤独。如果他突然发火，采取同样的处理方法。不要表现出你的惊讶或者尴尬。保持冷静，在周围照看他，保证他不伤害自己……困难很快就会过去的。接着，安慰他：他并没有做错什么，他没有任何理由感到羞耻，没必要自责。

此外，大多数老板都感到身为领导的孤独，几乎从不谈论自己的困扰。当你有情绪，感到伤心、怀疑时，你在走廊上至少能找到三个同事或一个老朋友来倾吐心事，来释放自己，来帮你分析局势……但是老板不能。他的负面情绪堆积在一起，让他变成了一个糟糕的老板。

» 相反，如果你鼓励他（找到合适的词语和时间）表达自己，他会变得更通情理。最开始的时候，他肯定难以表达，他通常在对你推心置腹之前会抱有一定的焦虑情绪。

» 因此，不要催促他，不要一开始就深入到根本问题上。

» 仅仅关心一下他的感觉，而不要追问他的想法。鼓励他表达自己，纾解他全部或者部分的忧虑和不快。

让他觉得自己不可或缺

一个老板，其实是一个伴随着英雄梦长大的小男孩或者小女孩。就像对抗坏人的超级马里奥或者神奇女侠，他们保护孤儿寡母（股东、职员）。

如果你自作主张，这毫无疑问地缓解了老板的负担（订单的压力），但是长期来看，这并不是向他提供帮助，因为这就是鼓励他“解除”他的领导责任。这不可避免地伤害了他的自尊心，因为这正是他的职责所在。你越是让他安心，不可避免地，当你真正需要他的时候，他越是要逃避。

» 因此，即使没有他，你也可以工作得很好，也不要过于自作主张。

» 反之，时不时地表明你很需要他，他对公司的正常运转是不可或缺的。

» 在处理自己的问题的时候，你也要毫不犹疑地向他请求帮助，甚至可以给他打电话求助，以便激发他那根英雄主义神经。你越是需要他——不要骚扰他——你就越是肯定了他的“领导力”，他就越是看好你。

恰当地询问方式

你可能没意识到，你每天向老板提出了大量问题，涉及他的想法、说的话、正在做的事情、将要做的事情、想要或者不想要做的事情。你询问这些问题的方式可能带来消极或积极的影响。

如果纯粹是技术问题，用“为什么”来提问很实用：

——“为什么复印机仍然是坏的？”

——“因为马丁又一次忘记取下文件上的回形针了。”

但是，如果问题比较“私人化”，他可能无法回答，或者会生气。因为除了回答“因为……”他别无答案，言下之意：“就是如此”或者“我就这样”。这不利于话题的展开。每次当你这么问老板的时候，情况正是如此：“为什么你是这个反应？”或者“为什么你忘记给我涨工资？”你自动地把他的目光吸引到困难上。你徒增了他的烦恼，而且唤醒了他那些负面的情感，诸如无能为力、火冒三丈或者愧疚心理，这些负面情绪可能转移到你身上。

» 建议用“如何”或者“什么”来提出你的问题：“我们现在怎么做呢？”“是什么让你有这种反应？”“我要如何做你才能考虑给我涨工资呢？”这样提问，一切都改变了。你把他的关注点引导到解决方法上，或者你至少提醒了他事情的重要性。

结语

现在，我希望我已经得到了我想要的：让你们相信，无论在什么情况下，温柔的操纵总是更为可取，尤其是当人们处于强势地位、采取专制方法的时候。

温柔的操纵的代价更小：它减少了冲突、争斗、压力……

它让人更加幸福：人们可以更好地生活在一起，即使各自的愿望、兴趣和优先事项并不是自发同步的。

最后一个技巧，不如说是一个建议——总是友善待人。当你关心别人的时候，无论从短期还是长期来看，你都会收获更多。